이이가 들려주는

이통 기국 이야기

이이가 들려주는
이통 기국 이야기

ⓒ 이종란, 2006

초판 1쇄 발행일 2006년 1월 27일
초판 16쇄 발행일 2022년 2월 14일

지은이   이종란
그림   winillust
펴낸이   정은영
펴낸곳   (주)자음과모음

출판등록 2001년 11월 28일 제2001 - 000259호
주소   10881 경기도 파주시 회동길 325-20
전화   편집부 (02)324 - 2347 경영지원부 (02)325 - 6047
팩스   편집부 (02)324 - 2348 경영지원부 (02)2648 - 1311
e-mail   jamoteen@jamobook.com

ISBN 978-89-544-1928-4 (64100)

이이가 들려주는
이통 기국 이야기

이종란 지음

|주|**자음과모음**

책머리에

율곡 이이에 대하여 들어 본 적이 있나요? 없다면 오천 원짜리 지폐를 살펴보세요. 뒷면에 어떤 사람의 초상이 나와 있을 겁니다. 바로 이 초상화의 주인공이 율곡 이이 선생입니다. 그런데 새로 나온 오천 원짜리 지폐를 보면 앞면에 수박 그림과 함께 나비, 모기처럼 생긴 여치, 패랭이꽃 모양의 그림, 또 희미하게 맨드라미나 도라지꽃 같은 것이 등장합니다. 이 그림들도 율곡 선생과 관계가 깊습니다. 바로 선생의 어머니인 신사임당이 그린 그림입니다. 또 뒷면을 보면 초상화 뒤에 기와집과 그 기와집 뒤의 대나무 숲이 보이는데, 바로 율곡 선생이 태어난 강릉 오죽헌을 나타낸 그림입니다.

우리가 앞으로 읽을 이야기는 강릉의 오죽헌, 경기도 파주의 자운서원, 서울의 경복궁과 국회의사당을 배경으로 하여 전개될 것입니다. 모두 선생과 관계가 깊은 곳이기 때문입니다.

유학자를 떠올릴 때, 사람들은 으레 도포에 갓을 쓰고 점잔을 빼는 양 수염을 쓸어내리며 한자로 가득한 책을 읽고, 고집불통에 고리타분한 선비를 떠올릴 것입니다. 유학자들은 학문을 즐겼고 공부하는 것을 평생의 업으로 삼은 사람들이기에 그런 모습을 떠올리는 것도 무리는 아닙니다. 하지만 유학자들이 책밖에 모르는 공부벌레였다고 생각한다면, 그것은 큰 오산입니다.

칼 잘 쓰는 사람을 '검객'이라고 하고, 자신의 주장과 의지를 쉽게 굽히지 않는 사람은 '논객'이라고 부릅니다. 논객은 무사가 칼을 휘두르는 것만큼이나 예리하게 사회나 정치의 쟁점에 숨겨진 급소를 향해 촌철살인과 같은 비판을 던집니다. 그리고 장수가 전장에서 의롭게 죽음을 맞이하듯 논객들도 자신이 믿는 바를 지키기 위해 목숨 버리는 것을 두려워하지 않았습니다.

조선시대의 유학자들은 글만 아는 고리타분한 선비가 아니라 가슴속에 예리한 비수를 감춘 논객이었고, 혁명가들이었습니다. 그들은 자신의 주장을 펴기 위해 자신과 다른 생각을 가진 이와 8년이 넘는 세월 동안 의견을 주고받기도 했고, 왕이 그릇된 정치를 행할 때 목숨을 걸고 바른말을 하기도 했습니다. 그리고 고통 받는 백성들을 위해 사회제도의 개혁을 주장하거나 추진하기도 했습니다. 조선시대는 이러한 유학자들이 활발하게 토론하며 우리의 정신적 토양을 한층 비옥하게 만든 사상과 정신문화의 황금기였습니다.

율곡 이이는 수많은 유학자 가운데서도 학문적 깊이와 세상을 바라보는 안목이 탁월하여 오늘날에 와서도 가장 추앙받는 유학자입니다. 그는 우리의 사상과 학문을 보다 깊이 있고 풍부하게 만들었을 뿐만 아니라, 정치 · 사회 · 교육 · 국방 등의 다방면에서 개혁을 추진한 진보적인 정치가였습니다.

하지만 율곡의 사상을 어린 학생들에게 설명하기란 무척 어려운 일입니다. 단 몇 마디로 정의하기에는 그 사상의 폭이 너무 넓고 난해하기 때문입니다. 율곡 이이의 가장 위대한 점이 그의 학문적 세계에 있음에도 불구하고 그의 학문과 사상을 쉽게 전달할 수 없다는 것은 무척 안타까운 일입니다. 이것이 이 책을 쓴 목적 가운데 하나입니다.

그럼 율곡을 위대한 인물로 만든 학문이란 어떤 것일까요?

흔히 '유학' 하면 좋지 못한 것으로 인식하는 사람들이 있습니다. 남녀 차별에 앞장서고, 아들만을 소중하게 생각하고, 허례허식으로 체면만 중요시하며, 직업의 선택에 있어서 기술직이나 노동자보다 사무직이나 관리가 되려고 하는 것이 유교의 영향이라고 생각하는 사람들이 많기 때문입니다. 이런 것들이 유교 또는 유학과 전혀 관계가 없다고 할 수는 없지만, 대부분 유교를 잘못 이해한 폐단에서 생기는 문제인 것입니다.

율곡 선생은 진정한 유학자, 곧 참된 선비가 되기 위해서, "무엇보다도 먼저 그 뜻을 크게 가져, 성인을 표준으로 삼아, 털끝만큼이라도 그것에 미치지 못하면 나의 일이 끝나는 것이 아니다."라고 말했습니다. 앞으로 전개될 이야기도 그런 내용을 재미있게 풀어 쓴 것입니다. 사람에게 있어서 먹고 마시는 일도 중요하지만, 인간다운 삶의 궁극적인 목표는 바로 성인이 되는 것이며 그런 사람들이 모여 사는 것이 모두가 하나 되는 세상이라는 것을 말입니다.

여기서 여러분은 성인이 된다는 말에 어쩌면 기가 죽을지도 모릅니다. 보통 사람이 어떻게 성인이 될 수 있냐고요? 그러나 성인이란 신이 아니고 인간이기 때문에 가능한 것입니다. 물론 율곡 선생만 성인이 되는 학문을 말한 것은 아닙니다. 진정한 유학자라면 한번쯤 생각해 보는 주제입니다. 그러나 선생만의 독특한 설명 방식이 있습니다. 그것이 선생의 위대한 점이고 선생의 학문인 것입니다.

이 책의 이야기는 부모를 잃은 몽이와 정이 자매 앞에 '헐랭이 삼촌'이 나타나면서부터 시작됩니다. 헐랭이 삼촌은 엉뚱하기 짝이 없지만, 두 자매와 여행을 하며 유학과 율곡의 사상에 대해서 들려줍니다.

〈1편 처음 떠나는 여행〉에서는 '유학'이 발생한 기원과 유학이 '성리학', '주자학', '송학' 등의 다른 이름으로 불리는 까닭에 대해서 설명합니다. 각각의 명칭 속에 어떤 의미가 담겨 있는지 알아 가는 동안 유학과 성리학에 한층 다가갈 수 있으리라 생각합니다.

〈2편 경복궁의 테러리스트〉에서는 성리학의 핵심이라고 할 수 있는 '이기론'과 '사단칠정론'에 대해서 들려주며, 각각의 성리학자들이 어떤 입장을 취했는지 이야기합니다. 특히 이 부분은 윤리 교과서와 참고서 등에 단 몇 줄로만 나와 있는 이기론과 사단칠정론을 이야기 형식으로 예를 들어 설명하고 있어 학생 여러분에게 큰 도움이 되리라 믿습니다.

〈3편 바보 삼촌과 천재 유학자〉에서는 조선시대에 활발했던 '붕당'의 활동상과 율곡 이이가 집필한 《격몽요결》에 나오는 '구용과 구사'에 대해서 이야기하고 있습니다. 세상을 살아가는 올바른 몸가짐과 마음가짐이 어떤 것인지 배울 수 있을 것입니다.

그리고 〈4편 안녕, 헐랭이 삼촌〉에서는 이 세상이 하나로 화합할 수 있는 희망의 메시지를 담은 율곡의 '이통 기국 사상'과 '성인 사상'에 대해서 말합니다. 유학자들이 가졌던 이상이 오늘날에도 여전히 유효하다는 사실을 확인할 수 있을 것입니다.

헐랭이 삼촌은 여행을 하는 동안 도저히 이 세상의 사람 같지 않은 엉뚱한 행동을 일삼습니다. 하지만 유학과 성리학에 대해서 이야기할 때면 어느 누구보다도 똑똑해집니다. 그리고 또 하나! 헐랭이 삼촌의 뒤를 쫓는 사람들이 있습니다. 헐랭이 삼촌과 몽이, 정이는 간발의 차이로 추적자를 피하며 조금씩 목적지를 향해 다가갑니다.

헐랭이 삼촌과 몽이, 정이 자매의 여행은 강릉의 오죽헌에서 끝을 맺습니다. 그런데 몽이와 정이 자매 앞에 갑자기 나타난 헐랭이 삼촌은 도대체 누굴까요? 이 수수께끼에 대한 해답은 이 책을 정성들여 읽은 독자들만의 몫입니다.

자, 그럼 헐랭이 삼촌과 함께하는 슬프고도 재미있고 아름다운 여행을 떠나 볼까요?

차례

프롤로그
― 몽이의 일기

엄마가 하늘나라로 갔습니다. 이제 가족이라고는 동생 정이와 나밖에 없습니다. 아빠는 이미 오래전에 세상을 떠났습니다.

우리에게는 할아버지와 할머니가 없습니다. 이모나 고모, 삼촌, 사촌도 없어요. 아빠는 집안의 반대를 무릅쓰고 고아였던 엄마와 결혼했다고 합니다. 어찌나 반대가 심했던지, 엄마와 결혼하면서 아빠는 가족들과 인연을 끊었다고 합니다.

장례식은 동네 어른들의 도움으로 치를 수 있었습니다. 정이는 이제

영영 엄마를 볼 수 없다는 사실을 잘 모르는 것 같아요. 눈물을 흘리는 어른들 틈에서 정이는 내 손을 꼭 잡았습니다. 정이의 겁에 질린 눈망울이 가슴을 찌릅니다.

"엄마는 좋은 데 갔어."

"그럼 이제 엄마 안 아파?"

고개를 끄덕여 주었습니다. 살며시 미소를 짓다가 정이는 주위를 둘러봅니다. 아마도 엄마를 찾는 것 같습니다. 정이와 나는 아빠가 없다는 사실에 익숙해져 있습니다. 정이가 태어나기도 전에 돌아가셨으니까요. 벌써 5년 전의 일입니다. 이제 시간이 조금만 지나면 엄마가 없다는 사실에도 익숙해질 겁니다. 그래서 슬픕니다.

장례식이 끝나고 나면 정이와 나는 고아원으로 가야 합니다. 동네 어른들은 한숨만 내쉬었습니다. 가난한 동네여서 우리를 거두어 줄 어른이 없으니까요.

화장터에서 집으로 돌아온 뒤 나는 어른들 몰래 짐을 꾸렸습니다. 당장 고아원으로 가는 것은 아니지만, 마음의 준비를 하기 위해서였습니다. 어른들은 여러 세대가 모여 사는 집의 좁은 마당에서 두런두런 이야기를 나누었습니다. 어느덧 마당에 어둠이 깔리기 시작했습니다.

"여기가 몽이네 집입니까?"

녹슨 철문을 밀고 낯선 남자가 마당으로 들어섰습니다. 어른들이 낯선 남자에게 다가갔습니다.

"몽이와 정이를 찾고 있습니다."

젊기는 했지만 좀처럼 나이를 종잡을 수가 없는 특이한 얼굴이었습니다. 유약해 보이면서도 의지가 강한 사람이라는 인상도 주었습니다. 등에는 큼지막한 등산용 배낭을 메고 있었습니다.

"옳게 찾아오기는 했는데, 눕니꺼?"

주인아저씨가 경계심을 띠며 투박한 경상도 사투리로 물었습니다. 낯선 남자는 서글서글한 미소를 지은 채 대답했습니다.

"몽이, 정이의 삼촌입니다. 아이들 할아버지가 보내서 데리러 왔습니다."

삼촌? 할아버지?

그동안 책에만 박혀 있던 글자들이 갑자기 와락 덤벼들었습니다.

삼촌…… 할아버지…….

처음 떠나는 여행

_유학과 성리학

참된 선비란 도를 행하여 백성으로 하여금 태평을 누리게 하고,
만세에 교화를 베풀어 배우는 자로 하여금 큰 잠에서 깨어나게 하는 사람이다.

– 이율곡 –

헐랭이 삼촌과 우리의 여행이 시작됩니다. 그런데 삼촌이 좀 이상해요. 엉뚱한 소리를 해대는 건 물론이고, 세상 물정도 너무 모릅니다. 삼촌이 아는 것이라고는 성리학이 전부예요. 성리학에 대해 이야기할 때만 정상으로 돌아와요.

삼촌과 우리가 여행을 하는 동안 우리의 옛집에는 놀라운 손님이 찾아옵니다. 그리고 옛 동네에선 큰 소동이 벌어집니다. 정이와 내가 납치되었다는 거예요! 정말 우리가 납치당한 걸까요?

① 헐랭이 삼촌

"이현룡이라고 합니다."

낯선 남자는 동네 어른들에게 절을 했습니다. 어른들도 덩달아서 어정쩡한 자세로 맞절을 했어요.

"몽이와 정이를 보살펴 주셔서 뭐라고 감사의 말씀을 드려야 할지 모르겠습니다. 정말 고맙습니다."

동네 아저씨들의 경계심은 눈 녹듯 사라진 모양이었습니다.

"몽이야, 정이야, 삼촌 왔다."

'삼촌' 이라는 낯선 남자는 마루에 서 있는 나와 정이에게로 다가왔습니다.

"네가 몽이고, 네가 정이구나."

그 남자는 정이의 머리를 쓰다듬으려고 손을 내밀었습니다. 하지만 정이는 몸을 움찔하며 내 뒤로 숨었습니다. 그 모습을 본 동네 어른들이 오히려 민망해했습니다.

"가시나들이 숫기가 좀 없습니다. 그래도 참 착하지예."

남자는 부드러운 눈길로 나와 정이를 번갈아 바라보았습니다. 나는 그 눈길을 피했습니다. 친근감이 들기는 했지만, '삼촌' 이라는 말만 믿고 처음 보는 사람을 무조건 따를 수는 없으니까요. 하지만 어른들은 달랐습니다. 어느 새 어른들은 낯선 남자 주위에 모여 앉아 이야기를 나누었습니다.

"그러니까 몽이 할배가 강릉에서 아주 큰 부자라 그 말인교?"

"네. 사실 몇 년 전부터 몽이와 정이를 애타게 찾고 있었습니다."

"그렇습니꺼? 조금만 더 일찍 찾았으모 얼매나 좋았을꼬."

어른들은 반가움과 안타까움이 섞인 탄식을 터뜨렸습니다.

"우쨌든 몽이하고 정이가 피붙이를 만나갖고 참말로 좋소."

동네 어른들 모두 정이와 내가 고아원으로 가게 된 것을 안타까워했습니다. 그러니 '삼촌'이라는 남자가 반가울 수밖에요.

"언제 가는교?"

"내일 아침에 출발할 겁니다."

"그렇게 일찍?"

"아이들 할아버지가 한시라도 빨리 아이들을 만나고 싶어 하거든요."

어른들은 밤늦도록 마당에서 이야기꽃을 피웠습니다. 나는 정이를 재우며 고민이 많았습니다. 삼촌과 할아버지라고는 하지만 어차피 낯선 사람들입니다. 고아원에 가는 것과 뭐가 다를까요? 그리고 강릉은 여기 부산에서 꽤 먼 곳입니다. 이제 다시는 친구들도 만날 수 없게 된 겁니다.

또 한 가지 마음을 어지럽히는 게 있었습니다. 저 남자는 정말 우리의 삼촌이 맞을까요? 어른들은 도대체 무엇 때문에 낯선 남자의 '삼촌'이라는 말을 덥석 믿어 버린 걸까요?

다음 날 아침, 낯선 남자와 나, 정이는 집을 나섰습니다. 짐이라고는 내가 메고 있는 작은 배낭 하나와 정이의 손에 들린 곰 인형이 전부였습니다. 동네 어른들과 친구들이 집 앞에서 우리를 기다리고 있었습니다.

"할배, 할매 말씀 잘 들어야 한데이."

아주머니 몇 분은 눈물을 훔쳤습니다.

"편지해야 해."

친구들도 눈물을 글썽였습니다.

동네 어른들과 친구들이 동네 어귀까지 우리를 배웅했습니다. 나는 아무런 말도 할 수 없었습니다. 정이도 마찬가지였습니다. 정든 마을을 떠나야 한다는 슬픔이 차올랐습니다. 한편으로는 동네 어른들이 야속하기도 했습니다. 도대체 이 낯선 남자의 무엇을 믿고 어른들은 나와 정이를 맡겨 버린 걸까요? 여전히 남자는 입가에 웃음을 머금고 있었습니다. 한 순간 그 웃음이 능수능란한 사기꾼의 교활한 미소로 비쳤습니다.

계단을 한참 동안 내려와 찻길 가에 이르렀을 때, 남자가 정이의 손을 잡으려 했습니다. 하지만 정이는 재빠르게 손을 빼내고는 남자로부터 멀어져 내 팔을 꼭 붙들었습니다. 나처럼 정이도 알 수 없는 불안에 휩싸인 모양이었습니다.

남자는 서운한 표정을 짓다가 이내 웃음을 머금었습니다. 난 그제야 가슴에 담아 두었던 말을 내뱉었습니다.

"진짜 우리 삼촌 맞아요?"

"아니."

'아니.' 라니요? 어쩌면 저렇게 태연하게 말할 수가 있을까?

나와 정이는 누가 먼저랄 것도 없이 걸음을 멈추었습니다. 남자
는 그것도 모르고 저 혼자 걸어갔습니다. 잠시 뒤에 옆이 허전하
다는 사실을 알아차린 남자가 우리를 돌아보았습니다. 나와 정이
는 있는 힘껏 눈에 힘을 모으고 남자를 노려보았습니다.

"하하하, 사실은 삼촌이 아니고 할아버지야."

할아버지라뇨? 거짓말이 들통 날 것 같으니까, 제멋대로 둘러
대는 것 좀 보세요.

"진짜 할아버지는 아니고, 그러니까 촌수로 따지면 할아버지뻘
이 된다는 말이야. 그래도 그냥 편하게 삼촌이라고 부르는 게 좋
겠다."

"그럼 우리 아빠엄마랑은 어떻게 되는데요?"

"몽이 아빠엄마도 내 손자뻘이지."

나는 남자가 하는 말을 알아들었습니다. 우리 반의 미정이도 옆
반의 승철이에게 이모뻘이 된다고 했습니다.

내가 잡아끌자, 정이는 눈에 힘을 풀고는 순순히 따라 걸었습니다. 남자가 우리 앞에 쪼그리고 앉더니 나와 정이를 번갈아 바라보았습니다.

　"앞으론 현룡이 삼촌이라고 불러."

　나와 정이는 아무 말도 하지 않았습니다.

　"해 봐. 현룡이 삼촌."

　길거리에서 꼴사납게 이게 무슨 짓이람. 나는 하는 수 없이 남자를 따라했습니다.

　"현룡이 삼촌."

　남자는 만족스러운 듯 고개를 끄덕이고는 정이를 바라보았습니다.

　"정이도 불러 봐."

　"헐랭이 땀톤."

　정이는 다섯 살입니다. 하지만 하루 종일 병석에 누워 있는 엄마와 생활하다 보니 말이 늦습니다.

　"다시. 현, 룡, 이, 삼, 촌."

　"헐랭이 땀톤."

　나는 배시시 웃음이 나왔습니다. 아무리 남자가 발음을 교정하려고 해도 정이는 계속 '헐랭이'라고만 말했습니다. 나중에는 정이도 재미있는지 웃기 시작했습니다.

"언니가 하는 걸 잘 들어 봐, 정이야."

"헐랭이 삼촌."

나도 그만 엉겁결에 '헐랭이'라고 말하고 말았습니다. 그러자 정이가 까르르 웃어젖혔습니다.

남자는 짓궂은 장난에 된통 당한 사람처럼 인상을 찡그리고 있다가 일어섰습니다.

"그래. 그냥 헐랭이 삼촌이라고 불러. 이름이야 어떻든 무슨 상관이야."

이렇게 해서 남자는 '헐랭이 삼촌'이 되었습니다.

② 우주와 마음을 들여다본 사람들

버스 정류장에서 헐렁이 삼촌은 동전을 세었습니다.

"몽이야, 차비가 얼마니?"

"정이는 공짜고요, 저는 400원이에요."

"응, 그래? 나는?"

나는 어이없다는 표정으로 헐렁이 삼촌을 올려다보았습니다.

"듣기는 했는데, 잊어 버렸어."

다시 의심이 고개를 들었습니다.

"그럼 저희 집에 올 때는 뭐 타고 오셨는데요?"

"오, 올 때? 아, 올 때는 누가 태워 줬어."

확실히 수상했습니다. 갑자기 말도 더듬거리고 어쩔 줄을 몰라 했습니다.

"진짜야. 난 평소에 버스를 안 타고 다녀서 말이야."

"그럼 강릉에서 올 땐 뭐 타고 오셨는데요?"

"자, 자가용 타고 왔지. 몽이랑 정이 할아버지는 엄청 부자거든. 자가용도 있고, 운전하는 아저씨도 있어."

"그럼 왜 그 아저씨는 그냥 갔어요. 올 때처럼 우리 태워서 가면 되지."

만약에 헐렁이 삼촌이 사기꾼이라면, 초보 사기꾼이 틀림없습니다. 얼굴은 금세 발갛게 달아올랐고, 어떻게 꾸며 댈까 궁리하는 티가 너무 났거든요.

"그, 그건 말이야. 내가 딴 데 가 볼 곳이 있어서 먼저 돌려보냈어."

"가 볼 곳 어디요?"

"파주."

"파주에 뭐가 있는데요?"

"어머님 산소."

난 거기에서 말문을 닫았습니다. 헐랭이 삼촌도 엄마가 돌아가셨구나.

"너무 오랫동안 못 가 봤거든."

헐랭이 삼촌의 표정이 슬퍼 보였습니다. 그래서 더 따지고 들 수가 없었습니다.

"너희들 태종대 가 봤니?"

"저는 어릴 때 가 봤지만, 정이는 못 가 봤어요."

"같이 가 보지 않을래?"

가는 거야 어렵지 않지만, 강릉에서 기다리고 있을 할아버지가 마음에 걸렸습니다.

"할아버지가 기다리신다면서요."

"10년도 넘게 기다려 왔는데, 며칠 더 못 기다리시겠니? 그리고 태종대랑 파주 말고도 너희들이랑 몇 군데 가 볼 데가 있어."

"어디요?"

"음…… 사실 난 아주 오랫동안 세상 구경을 못했어. 그래서 이번 기회에 너희들이랑 같이 여행을 좀 다니고 싶단다."

정이랑 나도 여행을 한 기억이 없습니다. 학교에서 가는 소풍이

전부였어요.

　나는 슬며시 정이를 내려다보았습니다. 정이는 기대에 찬 표정으로 연거푸 고개를 끄덕였습니다.

　"좋아요. 대신 할아버지가 걱정 안 하시게 전화해 주세요."

　그 말에 꼬마인 정이보다 헐렁이 삼촌이 더 좋아했습니다.

　"그건 걱정 마. 내가 운전사 아저씨 돌려보내면서 며칠 더 있다가 갈 거라고 미리 말해 뒀어."

　우리의 첫 번째 여행지는 태종대였습니다. 태종대에 들어서기 전에 정이가 떼를 쓰는 바람에 놀이공원에도 들렀습니다.

　헐렁이 삼촌은 겉보기와는 달리 돈이 많았습니다. 아마도 강릉에 있는 할아버지가 여비로 준 것이겠죠? 덕분에 정이와 나는 타고 싶었던 놀이기구를 마음껏 탈 수 있었습니다. 헐렁이 삼촌은 멀찍이 서서 우리를 지켜보기만 했습니다. 정이는 회전목마를 타면서 헐렁이 삼촌을 향해 손을 흔들기도 했습니다. 역시 아이들이란 참 단순합니다. 조금만 즐겁게 해 주면 금세 자기편으로 생각해 버리니까요. 하지만 난 아직 그러고 싶지 않았습니다. 만난 지 하루도 안 된 사람을 무작정 따를 수는 없으니까요.

놀이공원에서 나온 뒤 우리는 태종대를 걸었습니다. 헐랭이 삼촌은 멀리 바다에 눈길을 둔 채 한 마디도 하지 않았습니다. 정이와 나는 손을 잡은 채 3~4미터 정도 뒤떨어져서 걸었습니다.

정이가 힘들다며 칭얼거렸습니다. 나는 하는 수 없이 정이를 업었습니다. 앞서서 걸어가는 헐랭이 삼촌은 한시도 바다에서 눈을 떼지 않은 채 천천히 걸음을 옮길 뿐이었습니다.

"여기서 쉬어 가자."

하얀 등대가 있는 곳에 이르러서야 헐랭이 삼촌은 뒤를 돌아보았습니다. 정이를 업고 있는 나를 보고는 깜짝 놀라며 말했습니다.

"아니, 언제부터 업고 있었니?"

난 아무렇지 않게 대답했습니다.

"조금 됐어요."

"나한테 얘기하지."

"정이는 제 등에만 업혀요."

"그, 그래?"

우리는 아찔하게 깎아지른 절벽 위에 앉아 바다 멀리 시선을 두었습니다.

"날씨가 좋은 날에는 저 바다 끝으로 대마도가 보인단다."

나는 헐랭이 삼촌이 거짓말을 한다고 생각했습니다. 대마도라면 일본 땅인데 태종대에서 보일 리가 없잖아요?

"안 믿는구나? 진짜야."

하도 어이가 없어서 나는 대마도가 보이든 말든 상관없다는 듯 헐랭이 삼촌의 시선을 외면해 버렸습니다.

정이는 어느 새 잠들어 있었습니다. 그런 정이를 보며 헐랭이 삼촌은 부드럽게 미소 지었습니다.

"몽이가 덕수 이씨라는 건 알고 있니?"

나는 고개를 끄덕였습니다. 엄마한테서 들었습니다. 덕수 이씨의 조상 중에는 훌륭한 분이 많다는 것도 알고 있었습니다.

"조상 중에 아는 사람이 있니?"

"이순신 장군이랑 율곡 이이."

"그래, 잘 알고 있구나."

헐랭이 삼촌은 흡족한 듯 함박 미소를 지었습니다.

"그럼 그 분들이 어떤 일을 했는지도 알고 있니?"

"이순신 장군은 임진왜란 때 우리나라를 지켰고요, 율곡 이이 는……."

난 그만 말문이 막히고 말았습니다. 이율곡이 훌륭한 사람이라는 건 알겠는데, 무슨 일을 했는지는 잘 몰랐거든요.

"그래, 그 사람은 한 일이 별로 없지. 하고 싶은 건 많았지만 끝내 아무것도 이루지 못했어."

헐랭이 삼촌은 씁쓸하게 웃었습니다. 왠지 내가 큰 잘못을 한 것만 같았습니다. 그때, 생각나는 것이 있었습니다.

"이율곡의 어머니가 신사임당이잖아요."

"그걸 알고 있었니? 그래, 그렇지."

헐랭이 삼촌은 혼자 고개를 끄덕이며 깊이 생각에 잠겼습니다. 그러다가 멀리 바다에 눈길을 둔 채 말했습니다.

"율곡에게 어머니는 어머니 그 이상이었단다. 스승이면서 가장 큰 어른이셨지."

나는 정이의 머리칼을 쓰다듬으며 가만히 듣고만 있었습니다. 여름 햇살이 따가웠지만, 바다에서 불어온 바람이 이마를 간질였습니다.

"이율곡은 대단한 효자였대요."

"글쎄, 사람들이 그렇게 이야기한다만 율곡 그 사람은 자신을 효자라고 생각하지 않았을 거야."

"어머니인 신사임당이 돌아가셨을 때, 3년 동안 무덤 근처에 머물면서 아침저녁으로 밥을 지어 올렸다고 하던데요?"

"살아 계실 때 못한 효도를 돌아가시고 난 뒤에라도 하고 싶었던 게지. 하지만 후세 사람들이 과장을 한 부분도 있으니 다 믿지는 말거라."

헐랭이 삼촌은 이율곡의 효성이 대단하지 않은 것처럼 말했지만, 내 생각은 달랐습니다. 돌아가신 부모의 무덤 근처에 움막을 짓고 비가 오나 눈이 오나 그 곁을 지킨다는 것은 보통 사람으로서는 엄두도 내지 못할 일이니까요. 나는 헐랭이 삼촌이 이율곡을 깎아내리는 것이 내심 못마땅해서 이율곡의 편을 들기로 했습니다.

"효심뿐만이 아니에요. 임진왜란이 일어날 것을 미리 알고 십만 양병설도 주장했잖아요."

"율곡이 임진왜란을 예견했던 건 아니란다. 국경과 바닷가에서 일어나는 외적의 활동을 보고 국방을 튼튼히 해야 한다고 생각했던 것이었어. 그는 단지 걱정이 많은 유학자였을 뿐이다."

나는 화가 났습니다. 버스비가 얼마인지도 모르는 사람이 이율곡 같이 훌륭한 사람을 깎아내리는 것을 더 이상 참을 수가 없었어요.

"삼촌이 어떻게 그렇게 잘 알아요? 이율곡이랑 같이 산 것도 아니면서."

내 말에 헐렁이 삼촌은 허허허, 웃기만 했습니다.

이율곡을 사이에 두고 삼촌과 실랑이를 하다 보니, 궁금한 것이 많아졌습니다. 내가 이율곡에 대해 아는 것이라고는 효심이 지극했고 십만양병설을 내세웠고 성리학을 공부했다는 것밖에 없으니까요. 이율곡을 그다지 좋지 않게 이야기하고는 있지만 헐렁이 삼촌은 이율곡에 대해서 아는 것이 많을 것 같다는 생각이 들었습니다. 하지만 왠지 자존심이 상해서 헐렁이 삼촌에게는 쉽게 질문을 할 수가 없었습니다. 그래서 난 평소에 궁금해 하던 다른 것을 물어보았습니다.

"그런데 유학(儒學)이라는 것 있잖아요."

"응."

"유학이라고도 하고, 성리학이라고 부르기도 하잖아요. 차이점이 뭐예요?"

나의 물음에 헐렁이 삼촌은 기분 좋은 표정을 지었습니다.

"몽이는 공부를 잘하는 모양이구나. 5학년짜리 중에 그런 걸 궁금해 하는 아이는 별로 없을 거야."

헐렁이 삼촌의 칭찬에 나도 모르게 어깨가 으쓱했습니다.

"유학 하면 제일 먼저 뭐가 떠오르니?"

"공자님, 맹자님."

"그래, 맞다. 유학은 옛날 중국의 춘추시대에 공자와 맹자 등의 학자들에 의해서 만들어진 학문이다. 이 당시의 유학은 사람과 사람 사이에 지켜야 할 예절과 도리를 중시했어. 왜냐하면 춘추시대에는 정치적으로 혼란스럽고 사회 질서가 무너져 있었기 때문에 전쟁이 빈번했고, 약탈과 범죄도 많이 일어났거든. 그래서 사람이 살아가면서 해서는 안 되는 일과 꼭 해야 하는 일들이 무엇인지 가르치고자 했던 거야."

"그러니까 유학자들은 사람들이 서로 싸우지 않고 사람답게 사이 좋게 지내는 방법에 대해서 알려 주려고 했던 거군요."

"그래, 그걸 조금 어려운 말로 하면, '예절'이라고 할 수 있어."

"그럼 성리학은 뭐예요?"

"세월이 흐르면서 사회가 어느 정도 안정되고 난 뒤에 유학자들은 보다 깊은 생각에 빠져든단다. 사람이 살아가면서 지켜야 하는 행동거지뿐만 아니라 이 세상이 어떻게 만들어졌으며, 인간이란 어떤 존재인가에 대해 의문을 갖기 시작한 거야. 특히 송나라 때의 유학자들이 이러한 의문에 깊이 파고들었는데, 인간의 심성을 다루는 학문이라는 뜻으로 '성리학(性理學)'이라는 이름을 따로 붙인

거야. 이해가 되니?"

나는 고개를 갸웃거리고는 대답했습니다.

"네, 조금요."

"그럼 좀 더 쉽게 설명해 볼게. 몽이와 정이가 매일매일 싸운다고 생각해 보자. 그러면 몽이의 가장 큰 고민은 무엇이 될까?"

"전에 이웃집 아주머니가 아이스크림 두 개를 주셨어요. 아껴 먹으려고 냉장고에 넣어 뒀는데, 정이가 제 것까지 먹어 버린 거예요. 그래서 그날 정이와 다투었어요. 나중에 생각해 보니까 제가 언니답지 않게 행동한 것 같아서 미안했어요. 그때 어떻게 하면 정이와 다시 사이좋게 지낼 수 있을까 하고 고민을 많이 했어요."

"그래, 비슷하구나. 만약 몽이와 정이가 다툰다면 다시 사이좋게 지낼 방법에 대해서 고민하게 될 거야. 그리고 다시는 싸우지 말아야겠다는 다짐도 하겠지? 몽이와 정이가 싸우지 않고 지내도록 만들어 주는 것을 예절이라고 말할 수 있어. 몽이는 언니로서 동생인 정이를 따뜻한 마음으로 보살펴야 하고, 정이는 동생으로서 언니인 몽이의 말을 잘 따라야 하니까. 조금 전에도 이야기했듯이 공자와 맹자 같은 유학자들이 살던 춘추시대에는 사람들 사이에 다툼이 끊이지 않았어. 그래서 사람 사이에 지켜져야 할 예절을 강조할 수밖에 없었어. 자, 그럼 다시 생각해 보자. 정이와 싸우지 않을 때 몽이는 어떤 생각을 했지?"

"아빠는 왜 돌아가셨을까, 엄마는 왜 아프지, 우리는 왜 가난할까……"

그렇게 말해 놓고 나는 시무룩해졌습니다. 나의 갑작스러운 변화에 헐랭이 삼촌은 약간 당황한 듯했습니다. 하지만 삼촌과 나는 금세 마주 보며 희미하게 미소를 지었습니다.

"그리고 몽이는 이런 걸 생각한 적이 있니? 누가 이 세상을 만들었을까, 신은 과연 존재할까, 인간의 마음은 왜 시시각각 달라지는 걸까……"

나는 고개를 끄덕였습니다.

"송나라 시대의 유학자들도 비슷한 생각을 했단다. 사람과 사람 사이의 관계 속에서 행해야 하는 행동규범인 예절뿐만 아니라 인간이라는 존재에 대한 생각을 하기 시작한 거지."

헐랭이 삼촌의 말이 알쏭달쏭하기는 했지만 어렴풋이 이해할 수 있었습니다. 내가 중학생이거나 조금만 더 공부를 열심히 했더라면 삼촌의 말을 더 잘 알아들을 수 있었을지도 모른다는 생각을 했습니다.

"공자와 맹자가 살던 시대에 예절을 중시하던 유학과 구분하기 위하여 송나라 시대의 유학에 다른 이름을 붙여서 여러 가지 이름이 생겨난 거야. 송나라의 유학이라는 뜻으로 '송학(宋學)'이라고 부르기도 하고, 송나라 시대의 주희라는 대표적인 철학자의 이름을 따서 '주자학'이라고 부르기도 했어. 그리고 인간의 심성을 탐구하는 학문이라고 해서 '성리학'이라고도 불렀지. 이처럼 유학이 각각 다른 이름으로 불리는 이유는 시대의 흐름에 따라 유학자들의 고민도 각각 달랐기 때문이야."

무언가 희미하게 알 것 같다가도 좀처럼 생각의 꼬리를 잡을 수가 없었습니다. 내가 인상을 찡그리고 있자, 헐랭이 삼촌이 웃으면서 말했습니다.

"내 설명이 부족했나 보구나. 하지만 이해가 잘 되지 않는다고 해서 조급해할 필요는 없어. 나중에 찬찬히 다시 생각하다 보면 어느 순간 알게 될 거니까. 노트에 네 생각을 정리해 보는 것도 좋은 방법이겠다."

정이가 깬 뒤 우리는 태종대를 한 바퀴 돌고 나서 근처의 자갈 해변으로 갔습니다. 낚시를 하는 가족들도 있었고, 스킨 스쿠버를 하는 사람들도 있었습니다. 정이와 내가 해변에서 노는 동안 헐랭이 삼촌은 해변 구석에 텐트를 쳤습니다.

"자, 오늘은 여기가 우리 집이다."

정이도 나도 텐트에서 잠을 자 본 적이 없기 때문에 많이 설레었습니다.

헐렁이 삼촌은 자리에 눕자마자 잠이 들었습니다. 낮에 그렇게 자 놓고도 정이 역시 금세 꿈나라로 갔습니다.

나는 좀처럼 잠을 이룰 수가 없었습니다. 시내버스를 타고 태종대에 온 것뿐인데, 아주 먼 곳으로 떠나 온 듯한 느낌이 들었습니다. 지금쯤 엄마는 무얼 하고 있을까? 아빠는 만났을까? 눈물이 났습니다. 파도가 출렁이는 소리가 자장가처럼 귓가를 간질였지만, 나는 밤늦도록 잠들지 못했습니다.

다음 날 오전, 우리는 고속버스 터미널로 향했습니다.

"이제 파주로 가요?"

"아니. 먼저 서울로 갈 거란다. 거기에 가 볼 데가 있어."

서울이라고요! 서울은 TV에서 본 게 전부입니다.

고속버스 터미널에서 서울행 버스가 출발하기 직전이었습니다. 검표원 아저씨가 나란히 앉아 있는 나와 정이에게 말을 걸었습니다.

"표 줄래?"

표는 헐랭이 삼촌이 가지고 있었습니다. 그런데 삼촌은 마실 것을 산다며 매점에 가서 아직 돌아오지 않았습니다. 우리가 우물쭈물하자 검표원 아저씨가 다시 물었습니다.

"느그들 둘만 탔나? 어른은 없나?"

그때 헐랭이 삼촌이 버스에 올라서는 곧장 우리 쪽으로 다가왔습니다. 삼촌이 표를 내밀며 말했습니다.

"제 조카들입니다. 표 여기 있습니다."

검표원 아저씨는 헐랭이 삼촌을 힐끗 보고는 점선을 따라 표를 찢었습니다.

"아이들하고 서울에 여행 가는 겁니다."

검표원 아저씨는 헐랭이 삼촌의 말에 고개를 끄덕이고는 다른 승객에게 가려고 했습니다.

"우리는 지금 전하를 알현하러 가는 겁니다. 하하하."

무슨 소리를 하는 건지 도무지 알 수가 없었습니다. 헐랭이 삼촌이 왜 그렇게 주책을 부리는지도 알 수가 없었습니다. 검표원 아저씨는 계속해서 떠벌리는 삼촌을 아래위로 훑어보다가 자리를 피했습니다. 하지만 헐랭이 삼촌은 검표원 아저씨의 뒤통수에다 대고 다시 말했습니다.

"전하를 뵈옵고 인사 올려야지요!"

나는 창피해서 견딜 수가 없었습니다. 다행히 승객이 많지 않았지만, 헐렁이 삼촌의 주책에 다들 불안한 시선으로 우리를 돌아보았습니다.

우리가 서울로 향하고 있던 그 시각, 부산의 옛 동네 우리 집에는 깜짝 놀랄 손님이 찾아왔습니다. 그리고 동네는 발칵 뒤집어지고 말았습니다. 도대체 누가 찾아온 걸까요?

❸ 아이들이 유괴당했다!

땀을 뻘뻘 흘리며 계단을 올라온 웬 노인이 부산 집의 철문을 밀고 들어섰을 때, 마침 주인아주머니는 마당에서 빨래를 널고 있었다고 합니다.

"누구 찾습니꺼?"

숨이 찬지 노인은 한동안 숨을 들이쉬기만 했습니다. 그러다가 겨우 입을 열었습니다.

"여기가 몽이네 집 맞습니까?"

노인은 많이 지쳐 보였지만, 행색이 초라하지는 않았습니다. 중절모에 근사한 양복까지 갖춰 입은 모양새로 보아서 꽤나 부자인 것처럼 보였습니다.

"맞기는 맞는데, 무슨 일로……."

"제가 몽이 할애비 되는 사람입니다. 아이들을 데리러 왔습니다."

주인아주머니가 얼마나 놀랐을지는 충분히 짐작이 갑니다. 주인아주머니는 곧장 주인아저씨가 계시는 쌀가게로 달려갔습니다. 시간이 얼마 지나지 않아 소식을 듣고 달려온 동네 어른들로 마당은 가득 찼다고 합니다.

"삼촌이 찾아왔다캐서 반가운 마음에 확인도 안 하고 그만……."

"사람이 참 착하게 생겨서 곧이곧대로 믿어 버렸다 아입니꺼."

강릉에서 정이와 나를 찾아온 할아버지는 간발의 차이로 우리를 놓치고 만 것입니다.

"참말로 '이현룡'이라는 사람을 모른다 말입니꺼?"

"제가 아는 한 우리 문중에 그런 사람은 없소이다. 그리고 나는 사람을 보낸 적이 없어요."

할아버지는 마루에 걸터앉은 채 할 말을 잃었다고 합니다.

"부자 할아버지가 있다는 걸 알고는 유괴해 간 모양이네."

"이를 우짜노? 이랄 게 아이고 신고부터 해야지예."

동네 어른들은 곧장 파출소로 달려갔습니다.

할아버지는 할아버지대로 따로 사람을 고용했습니다. K라는 이

니셜을 쓰는 사립탐정이었습니다. 우리나라에도 사립탐정이 있다는 사실을 이번에 처음 알았습니다.

할아버지는 사립탐정 K에게 간곡히 부탁했습니다.

"이 늙은이의 고집 때문에 아들과 며느리가 고생만 하다가 일찍 세상을 떴습니다. 우리 손녀들까지 그런 고생을 시킬 수는 없습니다. 부탁합니다. 꼭 찾아 주십시오."

K는 조수와 함께 우선 부산에 있는 기차역의 역무원을 대상으로 탐문수사를 벌였습니다. 역에서 별 성과가 없자 그는 곧장 터미널로 향했습니다. 그리고 K는 그곳에서 우리에게 표를 요구했던 검표원 아저씨를 만났습니다.

"네, 맞습니더. 여자아이 두 명을 데리고 있었어예."

K는 나와 정이의 사진을 내밀며 다시 확인했습니다.

"이 아이들이 맞습니까?"

"네, 맞심니더."

"혹시 다른 특별한 점은 없었습니까?"

"이상한 소리를 하던데예. 전하를 알현하러 간다나? 전하를 만나서 인사를 해야 한다고도 캤고……."

"전하요?"

"네, 전 그렇게 들었심더."

"다른 말은 없었습니까?"

"미친놈이다 싶어서 상대를 하지 않았다 아입니꺼."

K는 생각에 잠겼습니다. 그의 조수가 말했습니다.

"전하라면…… 임금을 말하는 건가요? 하지만 요즘 시대에 임금이 어디 있습니까? 대통령을 말하는 걸까요?"

"글쎄, 자기네 조직의 우두머리를 말하는 건지도 모르지."

"그런데 쓸데없이 검표원한테 그런 말을 왜 했을까요?"

"어쩌면 말이야. 우리의 상대는 사이코일지도 모른다는 생각이 드는군. 아무튼 서울행 버스를 탔다고 하니까 우리도 뒤를 밟도록 하지."

헐랭이 삼촌과 우리가 서울로 떠난 그날 밤, 사립탐정 K와 그의 조수 역시 버스를 타고 서울로 향했습니다. 그리고 날이 새는 것과 동시에 경찰도 헐랭이 삼촌의 몽타주를 전국적으로 배포할 예정이었습니다.

정말 정이와 내가 유괴를 당한 걸까요? 도대체 헐랭이 삼촌은 누구일까요?

유학과 성리학

유학은 중국 춘추시대(기원전 8세기~기원전 5세기)에 공자에 의해 처음 발생한 학문입니다. 유학은 처음 발생한 이후 긴 세월 동안 많은 철학자들이 계승하고 발전시켜 왔습니다. 그리고 시대의 흐름에 따라 유학을 공부하는 학자들의 생각에도 많은 차이가 있었습니다. 특히 진시황으로 유명한 진나라 시대 이전의 유학과 그 이후의 유학으로 크게 구분할 수 있습니다.

중국 최초의 국가인 하나라에 이어 나타난 은나라, 주나라를 거쳐 춘추시대가 시작됩니다. 춘추시대는 주나라가 쇠퇴하면서 중국이 분열과 변혁을 겪던 시기였기 때문에 정치적으로 혼란스러웠으며, 전쟁과 약탈, 범죄 등이 자주 일어났습니다. 밀림과도 같은 약육강식의 시대에 공자는 사람이 살아가면서 지켜야 할 도리에 대해서 생각하게 됩니다. 이렇게 해서 탄생한 것이 유학입니다.

공자의 사상을 대표하는 말로 '인(仁)'과 '예(禮)'가 있습니다. 인은 인간의 마음속에 있는 도덕성, 곧 '사람다움'을 가리키는 말이며, 예는 이러한 도덕성을 행동으로 나타내는 사회적인 규범을 말합니다. 공자는 인간의 본성이 선한 것으로 보았고, 그 선한 본성이 예절이라는 행동으로 나타나기를 바란 것입니다.

하지만 중국 대륙을 진나라가 통일하면서 유학은 진시황제에 의해 큰 박해를 받습니다. 책을 불사르고 유학자들을 산 채로 묻어 죽이는 사건이 발생한 것입니다. 이 사건을 '분서갱유(焚書坑儒)'라고 합니다.

공자와 맹자, 순자 등의 철학자에 의해 학문적인 체계가 세워진 진나라 이전의 유학은 주로 사람과 사람 사이의 관계를 중시하여 윤리와 도덕에 큰 비중을 두었습니다. 하지만 송나라 시대에 접어들면서 주돈이, 소옹, 정이, 주희, 장재 같은 유학자들은 우주와 자연의 이치, 인간의 심성 등에 대한 문제로 관심을 돌립니다. 이때의 유학을 앞선 시기의 유학과 구분하기 위해 주자학, 송학, 성리학 등의 이름으로 부르는 것입니다.

이후로 유학은 앞선 학자들과 철학자들이 세운 이론에 반대하는 이론이 등장하기도 하고, 수정과 보완을 거치면서 더욱 깊이 있는 학문으로 자리 잡습니다. 명나라 시대에는 왕수인이라는 학자로 대표되는 양명학으로, 청나라 시대에는 고증학과 실학 등으로 영역을 보다 넓혀 나갑니다.

현대에 와서 마오쩌둥이 '문화 대혁명'을 통해 중국의 전통적인 유교 문화를 파괴하려고 했지만, 유학은 여러 차례의 위기를 겪으면서도 중국을 대표하는 철학사상으로 오늘날까지 이어지고 있습니다.

경복궁의 테러리스트

_이기론과 사단칠정론

사람은 하늘과 땅의 마음이다.
― 이율곡 ―

경복궁에서 헐랭이 삼촌이 엉뚱한 행동을 해요. 그것뿐만이 아니에요. 알아듣기 힘든 말을 중얼거리는가 하면, 요즘에는 쓰지 않는 말들도 툭툭 내뱉습니다.
한편 할아버지에게 고용된 사립탐정이 우리의 뒤를 쫓기 시작합니다. 글쎄 헐랭이 삼촌이 테러범이래요! 배낭 속에 어마어마한 폭탄이 숨겨져 있다고 하네요. 이제 우리는 어떻게 될까요?

경복궁에는 임금님이 없어요

고속버스에서 헐렁이 삼촌은 단 한 마디도 하지 않았습니다. 버스가 출발하기 직전만 해도 검표원 아저씨에게 알 수 없는 소리를 해 대던 떠버리의 모습은 더 이상 찾을 수가 없었어요. 삼촌은 마치 이 세상의 산과 들을 하나도 놓치지 않겠다는 듯 창밖의 풍경에서 눈을 떼지 않았습니다.

휴게소에서 우리는 우동으로 간단하게 점심을 때웠습니다. TV에서는 뉴스가 나오고 있었습니다. 화면 속에선 국회의원 아저씨들이 몸싸움을 벌이고 있었습니다. 그 장면을 보고 삼촌이 말했습니다.

"저 사람들이 국회의원이라는 사람들이니?"

나는 고개를 끄덕였습니다.

"저 사람들은 어디서 일하니?"

"국회의사당이겠지, 어디겠어요?"

간혹 보면 삼촌은 외계에서 온 우주인이 아닐까 하는 생각을 갖게 했습니다. 세상 물정을 몰라도 너무 몰랐거든요. 버스비가 얼마인지 모르는 건 물론이고요, 식당에 갔을 때에도 무얼 먹어야 할지 몰라 당황하는가 하면, 고속버스를 타기 위해서는 표를 사야 한다는 사실에 대해서도 잘 이해를 못했습니다. 그런 건 내가 일일이 가르쳐 줘야 했어요.

헐렁이 삼촌은 TV 화면을 보며 혀를 찼습니다.

"쯧쯧, 백성을 이끌어야 할 사람들의 근본이 바로 서야 하거늘……."

보셨죠? 요즘 '백성'이라는 단어를 쓰는 사람이 어디 있겠어요? '전하'라는 단어도 그래요. 지금이 조선 시대도 아니고, TV 사극에서나 쓰는 단어잖아요.

그때, 문득 이런 생각이 들었습니다. 헐렁이 삼촌이 배우가 아닐까!

"삼촌은 직업이 뭐예요?"

"직업?"

내 질문에 삼촌은 무척 당황했습니다. 표정으로 보아선 또 어떻게 둘러 댈까 궁리하는 게 분명했습니다. 만약에 헐렁이 삼촌이 배우라면, 단역밖에 못 맡을 게 뻔해요. 연기를 저렇게 못하잖아요.

"음…… 그냥 공부를 하고 있단다."

"그럼 대학생이에요?"

"음…… 그래. 대학생이라고 해 두자꾸나."

대학생이면 대학생이고 아니면 아닌 거지, 해 두는 건 또 뭐래요?

"무얼 공부하는데요?"

"성리학. 지금은 세상 공부."

"피, 성리학 같은 게 지금 무슨 쓸모가 있다고, 그런 걸 공부해요."

"그럼 몽이가 생각할 때, 쓸모 있는 공부는 어떤 게 있니?"

"비행기나 자동차, 컴퓨터처럼 물건을 만드는 공부가 있고요, 수

학이나 유전공학, 의학 같은 공부도 있어요."

"그럼 철학에 대해서는 어떻게 생각하니?"

"글쎄요, 철학도 좀 그렇네. 하지만 철학 공부를 하면 나중에 선생님이나 교수가 될 수도 있잖아요. 하지만 요즘엔 서당도 없는데 유학이나 성리학을 공부해서 어디에 써 먹어요."

"몽이 말을 들어 보니까, 그런 것도 같구나. 하지만 학문의 가장 큰 목적은 어딘가에 써 먹을 지식을 익히는 것이 아니란다. 인간이 인간답게 살기 위한 몸가짐을 익히고, 우리 자신의 참된 마음을 들여다보며, 인간이라는 존재가 어디에서 왔는지, 또 이 세상이 어떻게 시작되었는지를 깨달아 가는 거야."

"꼭 종교 같아요."

"그럴 수도 있지. 눈에 보이는 현상 그 이상의 것을 찾으려고 하니까."

헐랭이 삼촌의 말을 잘 알아듣지는 못했지만 언젠가 비슷한 이야기를 들었던 기억이 났습니다. 엄마가 그랬어요.

'엄마는 몽이가 셈을 잘하지 못하거나 글씨를 제대로 쓰지 못해도 좋아. 항상 겸손하고 옳은 일을 하는 사람이 되었으면 좋겠어.'

어쩐지 헐랭이 삼촌의 말과 엄마의 말이 비슷하다는 느낌을 받

았습니다.

　서울에 도착했을 때는 저녁 7시 무렵이었습니다. 고속버스에서
내린 뒤 삼촌은 지나가는 사람을 붙잡고 경복궁으로 가는 길을 물
었습니다.

　"전철을 타는 게 제일 좋을 걸요?"

　정말로 전철 노선도에 '경복궁역'이 나와 있었습니다. 그런데
막상 경복궁으로 가려니까 슬슬 걱정이 되었습니다. 부산에서 고
속버스가 출발하기 전에 헐랭이 삼촌이 검표원 아저씨에게 했던
말이 떠올랐기 때문입니다.

　'전하를 뵈옵고 인사 올려야지요!'

　분명히 그렇게 말했습니다. 설마! 그때 말한 그 '전하'가 진짜
임금님을 말하는 것은 아니겠지요.

　전철 안에서 헐랭이 삼촌에게 조심스럽게 물었습니다.

　"삼촌, 혹시 경복궁에 임금님 만나러 가는 거예요?"

　"응."

　맙소사! 도대체 헐랭이 삼촌은 뭐 하는 사람이죠? 나는 너무 당
황해서 말까지 더듬었습니다.

"저, 저기 삼촌."

"왜?"

"호, 혹시 경복궁에 진짜 임금님이 있다고 생각하는 건 아니죠?"

"응."

휴우, 다행입니다. 내가 괜한 걱정을 한 겁니다.

"하지만 나는 만날 수가 있지."

이건 또 무슨 소리래요?

② 테러리스트

경복궁에 도착한 뒤에 우리는 커다란 광화문 앞에 섰습니다. 광화문 앞의 넓은 도로 위에서 수많은 자동차들이 헤드라이트를 빛내고 있었습니다. 자동차가 너무 많아서 머리가 어지러울 정도였습니다.

우리는 얼른 광화문 안으로 들어섰습니다. 헐랭이 삼촌은 감격에 겨운 표정으로 광화문을 어루만졌습니다. 그 모습이 너무 진지해서 정이와 나는 꼼짝 않고 지켜보기만 했습니다.

하지만 경복궁 안으로 들어갈 수는 없었습니다. 이미 관람 시간이 지나 있었습니다.

헐랭이 삼촌은 입구를 지키고 있는 경비원 아저씨에게 사정했습니다.

"꼭 들어가야 합니다. 제발 들여보내 주십시오."

"죄송합니다. 관람 시간이 지났습니다. 내일 아침에 다시 찾아 주십시오."

그러자 삼촌은 갑자기 당당하게 어깨를 펴고는 사극에서나 쓰는 말투로 소리쳤습니다.

"전하를 알현하기 위해 먼 길을 달려 왔소이다! 지금 당장 입궐을 허하지 아니 하면 크게 문초를 당하리라!"

그제야 경비원 아저씨도 이상한 낌새를 느낀 모양이었습니다. 삼촌을 비웃는 듯한 눈빛으로 아래위를 훑어보더니 말했습니다.

"차라리 문초를 당하겠으니, 내일 아침에 다시 와서 전하를 알현하십시오."

하지만 헐랭이 삼촌은 쉽게 물러설 기색이 아니었습니다. 나는 어쩔 줄 몰라 가슴만 졸이고 있었습니다. 그런데 정이가 삼촌에게 다가가더니 옷자락을 잡아당겼습니다. 삼촌이 정이를 내려다보았습니다.

"졸려."

헐랭이 삼촌은 금세 태도를 바꾸었습니다.

"그러니? 내 생각만 했구나. 그래, 우리 자고 내일 다시 오자."

헐랭이 삼촌이 정이를 안아 올렸습니다. 나는 깜짝 놀랐습니다. 정이는 다른 사람에게 업히거나 안기는 법이 없었습니다. 이웃집 아주머니에게조차도 그러지 않았어요. 그런데 정이는 싫은 기색을 전혀 보이지 않았습니다.

"궐 앞에 텐트를 칠 수도 없고 시전 상인들도 싫어할 텐데, 어디서 잠을 잔담."

역시 헐랭이 삼촌은 외계인이 분명합니다. 나는 삼촌을 이끌고 한참 동안 걸어가다가 눈에 띄는 여관을 가리켰습니다. 정이는 삼촌의 품에서 잠이 들어 있었습니다.

우리가 잠들어 있던 새벽에 사립탐정 K와 그의 조수가 서울에 도착했습니다. K는 서울에 도착하자마자 강릉의 할아버지에게 전화를 걸었습니다.

"유괴범한테서 연락 온 것 없습니까?"

할아버지는 걱정 때문에 한 잠도 자지 못했다고 합니다.

"없습니다. 돈을 요구할 것도 아니면서 무엇 때문에 우리 손녀들을 데려갔을까요?"

"지금 상황을 살피고 있을 겁니다. 혹시 집 주변에 수상한 사람이 나타나거든 곧장 경찰에 신고하십시오. 그놈과 한 패일 수 있습니다."

전화를 끊고 난 뒤에 사립탐정 K와 조수는 터미널 주변을 탐문하고 다녔습니다. 하지만 새벽이기 때문에 대부분의 상점이 문을 닫았고 터미널의 직원들도 자리에 없어서 일이 쉽지가 않았습니다. 그래서 그들은 날이 새기를 기다릴 수밖에 없었습니다.

하지만 날이 새고 난 뒤에도 K와 그의 조수가 얻은 수확은 없었습니다. 터미널 직원, 상점, 전철역의 역무원 중 어느 누구도 그들에게 도움을 주지 못했습니다.

어느덧 점심때가 지났습니다. 편하게 휴식을 취하지 못한 그들은 지칠 대로 지쳐 버렸습니다. 녹초가 되어 있던 K가 갑자기 눈을 빛내며 말했습니다.

"그놈이 원하는 게 돈이 아닐 수도 있어."

"그럼 무엇 때문에……."

K는 곧장 할아버지에게 전화를 걸었습니다.

"최근에 원한 산 일이 있습니까? 부당하게 해고를 했다든지, 아니면 누군가를 망하게 했다든지……."

"사람을 부리다 보면 해고를 할 때도 있지요. 하지만 다른 사람을 망하게 한 기억은 없습니다."

"음…… 그럼 회장님께선 최근에 해고당한 직원들의 명단을 확보해 주십시오. 어쩌면 일이 커질지도 모른다는 생각이 드는군요."

전화를 끊자마자 K는 자리에서 일어섰습니다.

"왜 그러십니까?"

조수가 물었습니다.

"그놈이 커다란 배낭을 메고 있었다고 했지?"

"네."

"아이들을 유괴하면서 왜 그렇게 큰 배낭을 메고 왔을까?"

"글쎄요."

"배낭 안에 폭탄이 있는 게 분명해."

"네? 포, 폭탄!"

"그놈이 필요로 하는 건 돈이 아냐."

"그럼."

"아이들은 유괴 당한 게 아니라, 인질로 잡힌 거다. 그놈은 유괴범이 아니라 테러리스트야."

"하지만 무엇 때문에?"

"놈이 검표원에게 '전하'를 만나러 간다고 했지?"

"네."

"내 평생 수백 명의 범죄자를 다루었지만, 자기 조직의 우두머리를 '전하'라고 부르는 인간은 아직 못 봤어."

"그렇다면……."

"놈이 말한 '전하'는 대통령이 틀림없다."

"네? 대, 대통령!"

"사업을 하다 보면 본의 아니게 남에게 피해를 끼치기도 하지. 아이들의 할아버지는 기억을 못할지 몰라도 분명 원한을 품은 사람이 있을 거야. 그놈은 자신의 억울한 사정을 대통령에게 말하고 싶어 하는 거야. 그리고 사정이 여의치 않을 때는……."

"않을 때는?"

"쾅!"

K의 조수는 마치 자기 앞에서 폭탄이 터지기라도 한 것처럼 깜

짝 놀랐습니다.

"그, 그럼 큰일이지 않습니까? 아이들이 바로 곁에 있을 텐데……."

"시간이 없다! 청와대로 출동!"

③ 불변의 진리와 에너지

　사립탐정 K가 청와대로 달려가고 있던 그 시각, 우리는 경복궁 근정전 앞에 서 있었습니다.

　경복궁 입구를 지나자 곧 광장이 나왔습니다. 그리고 광장 가운데에 커다란 건물이 있었습니다. 그곳이 근정전이었습니다. 헐랭이 삼촌은 근정전의 높은 지붕을 올려다보면서 혼잣말을 했습니다.

　"왜놈들이 불태운 것을 다시 지었구나. 참 잘된 일이다."

　근정전 주변에는 관람객들이 많이 모여 있었습니다. 안으로 들어갈 수가 없기 때문에 관람객들은 밖에 서서 근정전 안을 들여다보았습니다.

정이와 나도 다른 사람들처럼 밖에 서서 고개를 안으로 들이밀고는 근정전 내부를 둘러보았습니다. 마룻바닥에서 불쑥 솟아 있는 높은 곳에 의자가 있었습니다. 왕이 앉았던 용상이라는 사실을 한눈에 알 수 있었습니다.

헐랭이 삼촌은 우리 뒤에 서서 안을 바라보고 있었습니다. 삼촌의 눈은 어딘지 모르게 슬퍼 보이면서도 반가움이 깃들어 있었습니다.

한참 동안 근정전 안을 들여다보던 헐랭이 삼촌이 갑자기 손을 뻗어 휘휘 저으며 앞으로 걸어갔습니다. 삼촌의 모습은 마치 허공에 떠 있는 나비를 좇는 것만 같았습니다. 그러더니 배낭과 신발을 벗고는 근정전 안으로 뛰어들었습니다.

"헐랭이 삼촌, 거기 들어가면 안 돼요!"

말릴 틈도 없었습니다. 그 모든 일이 눈 깜짝할 사이에 벌어졌습니다.

근정전 안으로 들어선 삼촌은 용상 앞으로 흐느적흐느적 다가가더니 무릎을 꿇었습니다. 삼촌은 머리를 조아린 채 흐느꼈습니다.

관람객들은 모두들 놀란 눈으로 그 광경을 지켜보았습니다. 어떤 사람은 사진을 찍기도 했습니다.

"헐랭이 삼촌, 어서 나와요! 헐랭이 삼촌, 어서!"

나는 근정전 안으로 들어가지는 못하고 밖에 서서 삼촌을 불렀습니다.

곧 경비원 아저씨들이 달려와서 헐랭이 삼촌을 끌어냈습니다. 삼촌은 경비원 아저씨들에게 붙들려 나오면서도 용상을 향해 소리쳤습니다.

"전하! 신의 불충을 용서하십시오!"

눈물이 흘렀습니다. 정이도 소리 내어 울었습니다. 막무가내인 헐랭이 삼촌의 행동이 두렵기도 했지만, 나를 울게 만든 것은 두려움이 아니라 슬픔이었습니다. 삼촌의 가슴속에 있는 슬픔이 고스란히 나에게 전달되는 것만 같았습니다.

헐랭이 삼촌은 경비원들에게 손을 붙들린 채 광장 한 구석으로 갔습니다. 정이와 나는 두세 걸음 뒤에서 삼촌의 배낭을 질질 끌며 따라갔습니다.

삼촌은 힘이 빠진 듯 기둥에 기댄 채 주저앉았습니다. 어제 저녁 경복궁 입구에서 삼촌과 실랑이를 벌였던 경비원 아저씨도 보였

습니다. 그 아저씨는 삼촌과 우리를 번갈아 보더니 난처한 표정을
지었습니다.

"이것 봐요. 거기 들어가면 안 되는 것 몰라요?"

삼촌은 아무런 말이 없었습니다. 고개를 숙인 채 꼼짝하지 않았
습니다.

"다시 들어갈 거예요?"

경비원 아저씨가 묻자 삼촌이 고개를 저었습니다.

"여한을 풀었으니 이제는 문제를 일으키지 않겠소."

"아이들을 봐서 경찰에 넘기지는 않겠어요. 하지만 또 이런 일이
있으면 우리도 어쩔 수가 없어요."

경비원 아저씨들이 물러나자 삼촌은 일어서서 옷의 먼지를 털었
습니다.

우리는 경회루의 연못가에 있는 벤치에 앉았습니다. 삼촌은 초
점 없는 눈동자로 허공을 바라보았습니다.

"미안하구나. 나 때문에."

정이는 그때까지도 흐느끼고 있었습니다. 많이 놀란 모양이었습
니다.

"나는⋯⋯."

갑자기 말문을 닫은 삼촌은 긴 한숨을 내쉰 뒤에 말을 이었습니다.

"율곡은 참으로 행복한 사람이었다. 훌륭한 부모를 두었고, 사려 깊은 형제를 두었고, 의로운 왕을 섬길 수 있었으니까."

우리는 한참 동안 꼼짝 않고 벤치에 앉아 있었습니다. 마음이 점점 가라앉고 평화가 찾아왔습니다. 정이도 연못의 커다란 잉어를 보며 즐거워했습니다.

"세상이 참 아름답지 않니?"

나는 고개를 끄덕였습니다.

"이런 세상이 오리라고는 생각지도 못했다. 나의 우환은 기우에 불과했구나."

가끔씩 헐랭이 삼촌은 내가 알아듣기 힘든 말을 내뱉고는 했습니다.

헐랭이 삼촌이 나를 보고 씩 웃었습니다. 무겁게 가라앉아 있던 표정에 장난기가 어렸습니다. 나는 삼촌이 미워서 어깨를 때려 주었습니다. 삼촌은 그런 나를 보며 가만히 웃기만 했습니다.

정이는 잉어들이 물 밖으로 고개를 내밀며 물살을 일으킬 때마다 깜짝 놀라면서도 자지러지는 웃음을 토했습니다. 그 모습을 지켜보며 삼촌은 부드러운 미소를 지었습니다.

"잘 꾸며 놓기는 했다만, 공기가 예전 같지는 않구나."

"환경 파괴가 나날이 심해지고 있대요."

"환경 파괴?"

"모르세요? 그것 때문에 이상기후가 생기기도 하고, 기상이변이 일어나기도 하잖아요."

"'기(氣)'가 어긋나니까 '리(理)'도 흐려지는가 보구나. 무릇 '리'와 '기'는 둘이면서 하나요, 하나이면서 둘이거늘. 자연을 사랑하는 마음이 시드니 자연의 이치도 등을 돌릴 수밖에."

헐랭이 삼촌이 또 어려운 소리를 했습니다. 하지만 전혀 알아듣지 못할 말은 아니었습니다. 책에서 읽은 적이 있거든요.

"그거 이기론이죠?"

삼촌은 무척 놀란 표정을 지었습니다. 그리고는 곧 활짝 웃었습니다.

"요즘 학교에서도 아직 그런 걸 배우는구나?"

"그냥 아주 짧게 나와요. 옆집 정애 언니 교과서에 나와 있는 걸 본 것뿐이에요."

"몽이는 정말 공부를 잘하는 모양이다. 자기보다 고학년의 교과서까지 보는 걸 보니까."

"읽을 만한 책이 없어서 그래요."

헐랭이 삼촌이 웃으며 내 머리를 쓰다듬었습니다. 그다지 싫지는 않았습니다. 어쩌면 헐랭이 삼촌이 진짜 우리 삼촌인지도 모른다는 생각이 들었습니다.

"사실 삼촌은 옛날 공부밖에 하지 않아서 몽이나 정이에게 해 줄 이야기가 없어. 그래서 내가 아는 이야기가 나오면 무척 반갑고 즐거워."

조금 전에 근정전에서 소란을 피우던 모습을 보아서 그런 걸까요? 왠지 헐랭이 삼촌을 즐겁게 해 주고 싶다는 생각이 들었어요.

"이야기 더 해 주세요."

"무슨 얘기?"

"이기론요."

"에이, 그거 어렵고 재미도 없어."

"나중에 중학교 가면 배울 텐데, 미리 알아두면 좋잖아요."

"뭐, 그렇기는 하지만……."

헐랭이 삼촌은 내 얼굴을 빤히 들여다보았습니다. 내가 정말로 이기론에 대해서 듣고 싶어 하는지 아닌지 떠보는 것 같았습니다.

"해 주세요, 예?"

내가 다시 한 번 재촉하자 삼촌은 그제야 이야기를 시작했습니다.

"좋아. 그럼 먼저 '리'와 '기'가 무엇인지부터 말해 줄게. 그리고 '현상'이라는 것에 대해서도 알아 두는 것이 좋겠다."

나는 두 귀를 쫑긋 세우고 삼촌의 말에 귀를 기울였습니다.

"옛날 중국의 철학자들은 이 세상이 창조되기 전에 '리'와 '기'라는 것이 존재했다고 생각했어. '리'는 이 세상이 창조된 원리라고 할 수도 있고, 자연의 섭리라고 할 수도 있어. 그리고 우주가 조화롭게 움직이도록 만드는 우주의 질서라고 말할 수도 있지. 그리고 '기'는 하나의 진리로만 존재하는 '리'가 '현상'으로 나타날 수 있도록 하는 일종의 에너지이자 기운이야. 또 사물을 이루는 물질이기도 하지."

나는 속으로 '리'와 '기', '현상'이라는 단어를 차례대로 되뇌었습니다.

"몽이는 '현상'이라는 말을 들어 본 적이 있니?"

나는 '현상'이라는 단어가 어떨 때 쓰이는지 곰곰이 생각해 보았습니다. 우선 자연현상이라는 말이 있고, 사회현상이라는 말도 있어요. 그리고 필름에 담겨 있는 화면을 사진으로 보이도록 할 때도 '사진을 현상한다'라고 말하죠. 음, 어쩌면 '현상'이라는 단어는 눈에 보이는 어떤 것을 가리키는 건지도 모른다는 생각이 들었어요.

"눈에 보이는 것이요?"

"그래, 맞다. '현상'은 시각이나 촉각 등의 감각을 통해 확인할 수 있는 모든 것을 이르는 말이야. 저기 피어 있는 꽃도 현상이고, 몽이도 현상이야. 이 경복궁도 현상이지. 그리고 사람들이 일정하게 행동하거나 움직이는 것도 현상이야. 그러니까 현상이라는 것은 눈으로 볼 수 있는 것뿐만 아니라 실제로 존재하는 모든 것을 가리키는 말이야."

현상, 현상, 현상…… 어렴풋이 알 것 같았습니다.

"그렇다면 이 세상은 어떻게 만들어졌고, 세상의 모든 현상은 어떻게 해서 나타나는 것일까?"

나는 고개를 갸우뚱한 뒤에 말했습니다.

"글쎄요. 하나님 같은 신이 이 세상을 만든 게 아닌가요?"

"그럴 수도 있지. 하지만 우리는 지금 유학자들의 이기론에 대해서 공부하는 중이니까, '리'와 '기'에 대해서만 생각하도록 하자."

"네."

"우선 간단하게 '겨울이 지나면 봄이 온다'는 사실을 두고 이야기해 보도록 하자."

나는 고개를 끄덕였습니다.

"'겨울이 지나면 봄이 온다'는 건 분명한 사실이지?"

"그럼요."

"그래. 그건 절대로 변하지 않는 진리야. 그게 바로 '리'란다. 그런데 한번 생각해 보렴. '겨울이 지나면 봄이 온다'는 사실은 분명한 진리이지만, 이 진리가 '현상'으로 나타나기 위해서는, 다시 말해서 겨울이 지난 뒤에 봄이 오도록 하기 위해서는 무언가가 일을 해야 하지 않을까?"

곰곰이 생각해 보았습니다. '겨울이 지나면 봄이 온다'는 것은 분명한 사실이고 진리입니다. 하지만 겨울이 지난 뒤에 봄이 오려면 기온이 따뜻해져야 합니다. 얼음도 녹아야 하고, 매화나 개나리 같은 봄꽃도 피어나야 하겠죠? 그제야 사람들은 봄이 왔다는 사실을 알게 될 겁니다. 그래요. 진리는 진리로 존재할 뿐입니다. 진리가 실행되어서 '현상'으로 나타나기 위해서는 무언가가 그 '현상'이 나타나도록 일을 해야 합니다. 그런데 누가 그 일을 할까요?

"그러면 봄이 오도록 하는 것은 누구예요?"

"그게 바로 '기'란다. '리'는 완벽한 진리로만 존재하기 때문에 아무런 형체도 없고, 움직이지도 않고, 소리도 내지 않고, 냄새도 나지 않고, 변하지도 않아."

"상상이 잘 안 돼요."

"그럴 수밖에. 형체도 없고, 움직이지도 않는 어떤 것을 머릿속으로 떠올린다는 건 불가능한 일이니까. 하지만 우리는 '현상'을 통해서 진리인 '리'가 존재한다는 사실을 알 수 있어. 그리고 '리'가 '현상'으로 나타나도록 하는 것이 바로 '기'란다. 봄이 오면 사람들은 '봄기운이 완연하다'고 말하고는 하지 않니? 그러니까 '기'는 봄이 오도록 만드는 에너지이자 기운이라고 할 수 있어."

"너무 어려워요."

헐랭이 삼촌도 양미간을 모은 채 골똘히 생각에 잠겼습니다. 나에게 '리'와 '기'에 대해서 좀 더 쉽게 설명하기 위해 고민하는 것 같았습니다. 잠시 동안 생각에 잠겨 있던 삼촌이 이윽고 입을 열었습니다.

"자, 그럼 이제 계획표 하나를 머릿속에 그려 보겠니? 이 계획표에는 '겨울이 지나면 봄이 온다'라고 적혀 있어. 그 외에도 '물은 아래로 흐른다', '지구는 태양 주위를 돈다' 등등의 진리가 적혀 있지. 하지만 계획표에 적혀 있는 그 진리들은 그냥 진리일 뿐이야. 누군가가, 또는 무언가가 그 계획표에 적혀 있는 진리가 실행되도록 일을 하지 않는다면 겨울이 지나도 봄이 오지 않을뿐더러 물이 아래로 흐르지도 않고, 지구가 태양 주위를 돌지도 않을 거야. 이 이야기에서 계획표에 적혀 있는 진리는 '리'이고, '리'가 실행되도록 하는 에너지가 '기'야. 그리고 '기'에 의해 나타나는 자연의 조화와 천체의 움직임이 바로 '현상'이야."

"알쏭달쏭해요."

나는 고개를 절레절레 흔들었습니다.

"지금 이 자리에서 내가 들려주는 몇 마디를 듣고 '리'와 '기'에 대해서 완전하게 이해한다는 건 무척 어려운 일이야. 사실 '리'와 '기'에 대한 개념은 삼촌이 이야기하는 것보다 훨씬 복잡해."

정이가 슬그머니 삼촌과 나에게 다가왔습니다. 정이는 삼촌과 내가 아주 재미난 이야기를 하고 있는 줄 알았던 모양이에요.

헐렁이 삼촌은 나와 정이를 번갈아 바라보다가 다시 이야기를 꺼냈습니다.

"우선 이것만 기억해 두자꾸나. '리'는 이 세상이 조화롭게 움직이도록 만드는 진리이고, '기'는 진리로만 존재하는 '리'가 실행되도록 하는 에너지이고 일꾼이며, '기'에 의해서 '리'가 실현된 것은 '현상'이다. 사실 눈에 보이는 것은 모두 '현상'이지만, 그 '현상'이라는 것도 따지고 보면 '기'가 모여 있거나 움직이는 것이고, 그 속에 '리'가 있다고 생각하면 돼."

나는 삼촌이 한 말을 머릿속으로 되뇌었습니다.

헐렁이 삼촌은 한쪽 눈을 찡그린 채 내 얼굴을 들여다보았습니다. 내가 삼촌의 말을 이해했는지 어떤지 알아보려고 하는 것 같았어요. 삼촌은 우리의 표정이 만족스럽지 않다는 걸 알고는 적이 실망하는 눈치였습니다. 하지만 삼촌은 실망감을 감추고 말했습니다.

"그리고 몽이와 정이의 마음속에도 '리'와 '기'가 있단다."

"저한테도 있다고요?"

"물론이지. 유학자들은 인간의 몸과 마음도 하나의 우주라고 생각했어. 정이와 몽이, 저기 가는 꼬마아이도 각각 하나의 작은 세상이고 우주란다. 그러니 '리'와 '기'가 있을 수밖에."

"저는 잘 모르겠어요."

"자, 저기에 풍선을 들고 가는 꼬마아이가 보이지?"

나는 고개를 끄덕였습니다. 정이도 곁에서 고개를 끄덕였습니다.

"저 아이가 넘어져서 울고 있다면 몽이는 어떻게 하겠니?"

"달려가서 일으켜 줄 거예요."

"왜?"

"그야⋯⋯."

그건 너무나도 당연한 일입니다. 넘어져서 울고 있는 아이를 내버려 두어서는 안 되니까요.

"아이가 넘어져서 울고 있으면 일으켜 주어야 한다고 누가 가르쳐 주었니?"

"어려운 사람을 도와야 한다고 선생님이 말씀하시긴 했지만, 그건 누가 가르쳐 주지 않아도 아는 거예요."

"그렇지? 아이가 넘어져서 울고 있으면 일으켜 주어야 한다는 도리도 일종의 '리'란다. 그리고 아이를 일으켜 주고 싶은 마음이 '기'이고, 일으켜 주는 행위를 '현상'이라고 할 수 있어."

'리'는 겨울이 지나면 봄이 온다거나 지구가 태양 주위를 도는 것처럼 절대적인 진리만을 말했던 게 아니었나요? 넘어져서 울고 있는 아이를 일으켜 주는 것도 진리라고 말할 수 있을까요?

"인간의 마음속에 있는 '리'는 누군가 가르쳐 주지 않아도 알고 있는 선한 본성이라고 할 수 있어. 그리고 그 본성을 실천하고자 하는 마음가짐이 '기'이고, 마음가짐이 행동으로 나타나는 것은 '현상'이라고 말할 수 있어."

삼촌의 설명을 듣는 동안 희미하게나마 '리'와 '기'가 머릿속에 자리 잡았습니다. 하지만 조금씩 알아 갈수록 궁금한 것이 많아졌습니다.

"하지만 모든 사람이 울고 있는 아이를 일으켜 주는 것은 아니잖아요."

"그래, 아마도 못 본 척 지나치는 사람도 있을 거다."

"그럼 그 사람의 '리'는 어려운 사람을 돕지 않는 건가요?"

"아니야. 내가 조금 전에 뭐라고 했지? '리'는 그 자체로 완벽한 것이기 때문에 절대 변하지 않아."

"하지만 어려운 사람을 돕지 않는 사람들도 분명 있잖아요."

"맞다. 그건 '리' 때문이 아니라 '기' 때문이란다. '리'는 넘어진 아이를 일으켜 주어야 한다는 것으로, 그건 절대 변하지 않아. 그리고 그건 누구한테 배워서 아는 것도 아니야. '리'는 경험하지 않고도 알 수 있는 것이야. 하지만 사람마다 기질이 다르기 때문에 '기'는 다르게 나타날 수도 있어. '리'는 결코 변하지 않지만, '기'는 사람의 기질에 따라 여러 가지 다른 형태를 띠게 되는 거야. 여기에서 바로 '사단칠정(四端七情)'이 나오게 된단다."

"사단칠정도 책에서 봤어요. 뭔지는 모르지만……."

"하하하, 그건 조금 있다가 다시 얘기하도록 하자. 그 전에 '리'와 '기'에 대해서 정리를 해야 하니까."

"네."

정이는 삼촌과 나의 이야기에 더 이상 흥미를 느끼지 못했는지 다시 연못 쪽으로 걸어갔습니다.

"내가 예를 들어 볼 테니, 잘 들어 보렴. 태어나자마자 엄마로부터 버림 받은 아이가 있었어. 이 아이는 자기를 낳아 준 친엄마의 얼굴을 모른 채 양부모 밑에서 자랐지. 세월이 흘러 아이는 어른이 되었단다. 그런데 어느 날, 자기를 낳아 준 친엄마를 만나게 된 거야. 양부모 밑에서 자란 그 사람은 처음 만난 친엄마를 어떻게 대할까?"

"음…… 두 가지일 것 같아요. 무척 반가워하거나 아니면 아주 미워하겠죠."

"그래, 맞다. 그런데 말이다. 만약에 그 사람이 처음 친엄마를 만났을 때 미워하는 감정을 품었다면, 그 사람은 정말로 자신의 친엄마를 미워하는 걸까?"

"그건 아닐 거예요. 어릴 때부터 그 사람은 친엄마를 무척 그리워했을 거예요. 하지만 막상 친엄마를 대하니까 지난 세월의 설움이 북받쳐 올라서 미운 감정을 품은 걸 거예요."

"이 이야기에서 '리'는 무엇이니?"

"자식은 누구나 자신을 낳아 준 부모를 그리워할 수밖에 없다는 것."

"그럼 '기'는?"

"반가워하거나 미워하는 감정이겠죠."

"그래, 맞다. 몽이는 우등생이구나. 자식은 누구나 태어날 때부터 자신을 낳아 준 부모에 대한 그리움을 갖고 살아간단다. 우리가 알고 있는 지식은 대부분 경험을 통해서 익히는 거지만, 경험하기 이전에 이미 마음속에 자리 잡고 있는 것들도 있어. 이것을 '리'라고 말할 수 있지. 그리고 '기'나 기질은 살아온 환경이나 경험을 통해서 형성되는 것이라고 볼 수 있어. 이제 조금 알겠니?"

"네, 조금요."

"다행이구나. 하지만 내가 이야기하는 것이 전적으로 옳은 것은 아니란다. 왜냐하면 중국의 철학자들은 물론이고 우리나라의 성리학자들도 '리'와 '기'에 대해서 조금씩 다른 입장을 취했거든."

"어떻게 다른데요?"

"대체로 '리'와 '기'가 어떤 것인가에 대해서는 생각이 다르지 않아. 하지만 '리'와 '기'의 관계에 대해서는 약간의 차이를 보이는데, 그 대표적인 두 사람이 퇴계 이황 선생과 율곡이야. 하지만 거기에 대해서는 조금 있다가 이야기하자. 정이가 많이 심심한가 보다."

아닌 게 아니라 정이는 연못의 잉어들에게서 흥미를 잃었는지 시무룩한 표정으로 헐랭이 삼촌과 나를 지켜보고 있었습니다.

"이런! 해가 벌써 중천에 떴구나. 서두르자. 아직 우리가 보지 못한 곳이 많단다."

헐랭이 삼촌과 나는 자리에서 일어섰습니다. 정이가 쪼르르 달려와 내 손을 잡았습니다. 그때 멀리서 사이렌 소리가 들려왔습니다.

"이 근처에서 사고가 났나 봐요."

내 말에 헐랭이 삼촌은 뜻 모를 미소만 지었습니다.

4 청와대의 침입자

　우리가 경복궁을 거닐고 있던 그 시각에 청와대에서는 때 아닌 수색작전이 펼쳐지고 있었습니다. 지금 생각해 보면 아마도 그때 내가 들었던 사이렌 소리는 청와대로 향하던 경찰차에서 난 것 같아요.

　"실수하는 게 아닐까요?"

　"실수라도 어쩔 수 없어. 그런 제보가 들어왔는데, 가만히 있을 수는 없지 않은가."

　"하지만 장소는 청와대입니다. 해프닝으로 끝날 경우에 시말서 정도는 각오해야 할 겁니다."

"그 반대일 수도 있어. 그러면 우리는 일 계급씩 특진이다."

지금 대화를 주고받고 있는 이 두 사람은 종로 경찰서의 박 형사님과 장 형사님입니다. 사립탐정 K로부터 테러범이 청와대에 잠입할지도 모른다는 제보를 받고 급히 청와대로 가는 중이었습니다.

"그런데 그 탐정이라는 작자는 어떤 사람입니까?"

박 형사님이 장 형사님에게 물었습니다.

"한때는 뛰어난 수사관이었어. 성격이 모나서 다른 사람들하고 잘 어울리지는 못했지만, 형사로서는 타고난 인간이었지."

"그럼 제보가 사실일 가능성도 있군요."

"글쎄, 그건 장담 못해. 경찰 그만둔 뒤로 사람이 조금 이상해졌거든. 하지만 그 친구 도움으로 해결한 사건도 제법 있어."

차가 청와대 입구에 도착했습니다. 경호실장이 그들을 기다리고 있었습니다.

"어떻습니까?"

장 형사님이 경호실장에게 물었습니다.

"별다른 조짐은 안 보입니다. 경비가 철통같으니까, 여기에 침입했을 가능성은 거의 없습니다. 그리고 대통령 가족들께선 만약의

사태에 대비해서 피신하셨습니다."

경호실장의 대답에 장 형사님이 고개를 끄덕였습니다. 이번에는 박 형사님이 물었습니다.

"관람객 쪽은 어떻습니까?"

"청와대 관람은 사전에 예약을 한 사람들에 한해서 신분 조회를 거친 뒤에 할 수 있고, 검색 역시 철저하게 하기 때문에 안심해도 됩니다. 그런데 정말 테러범이 있습니까?"

경호실장의 말에 장 형사님은 고개를 절레절레 흔들었습니다.

"글쎄요. 하지만 제보가 있었으니 조사는 해 봐야겠지요."

약 30분 뒤에 사립탐정 K와 그의 조수가 청와대에 도착했습니다. 하지만 그는 민간인 신분이기 때문에 청와대 안으로 들어갈 수가 없었습니다. 청와대 밖에서 사립탐정 K를 만난 장 형사님은 난처한 표정을 지었습니다.

"오랜만이군. 하지만 자네 제보 때문에 내 입장이 곤란해졌어. 대통령 가족이 피신하고, 관람객들도 불편을 겪었네. 큰 소동은 없었지만 허위제보로 판명되면 자네도 처벌받을지 몰라."

하지만 사립탐정 K는 주눅 든 모습을 전혀 보이지 않았습니다. 반면에 K의 조수는 잔뜩 겁먹은 것처럼 보였습니다.

"내가 보기에는 보통 놈이 아니네. 버젓이 나타나서는 아이들을 납치한 놈이야. 며칠 정도 더 지켜보는 게 좋을 거야."

"이봐, 그만해. 자네가 지금 얼마나 큰일을 저질렀는지 모르는 거야?"

장 형사님과 사립탐정 K가 티격태격하고 있을 때 청와대 경호실장과 경호원 한 명이 두 사람에게 다가왔습니다.

"혹시 테러 용의자가 인질로 잡고 있다는 아이들 이름이 몽이와 정이가 맞습니까?"

경호실장의 물음에 사립탐정 K가 두 눈을 부릅떴습니다. 장 형사님이 고개를 갸우뚱하며 물었습니다.

"제가 아이들 이름도 얘기했던가요?"

경호실장은 뒤에 서 있는 경호원에게 눈짓을 했습니다. 경호원이 장 형사님에게 종이쪽지 한 장과 아주 낡은 책 한 권을 내밀었습니다. 장 형사님은 책 표지에 있는 한자를 읽었습니다.

"성학집요(聖學輯要)?"

종이쪽지에 적힌 글을 읽던 장 형사님은 비명에 가까운 소리를 내질렀습니다.

"아니, 이게 도대체!"

사립탐정 K가 쪽지를 건네받고는 유심히 들여다보았습니다. 그리고는 고개를 끄덕이며 혼잣말을 했습니다.

"내 예상이 맞았어. 역시 보통 놈이 아니야."

쪽지에는 이렇게 적혀 있었다고 합니다.

대통령께

무릇 정치의 근본은 백성입니다. 정치가 가야 하는 길은 백성을 위하는 것만이 유일합니다. 그리고 군주가 백성의 모범이 되기 위해서는 부단히 덕을 쌓아야 합니다. 정치와 윤리는 결코 분리될 수 없는 것이기 때문입니다.

새로운 시대를 열어 가기 위해 일으켜 세우기를 게을리 하지 않으며, 일으킨 것을 지키고자 노력하며, 묵은 것을 새롭게 고쳐 나가는 실천이 함께할 때 진정한 성군이 탄생하고 올바른 정치가 서는 것입니다.

대통령께서 이 나라를 바르게 이끌어나가기를 바라며 옛 성현들의 깨달음을 모은 이 책을 드립니다. 먼저 자신을 닦는 일을 게을리 하지 마시기 바랍니다.

부디 세세대대 길이 남는 성군이 되시옵소서.

추신: 몽이와 정이는 잘 있으니 걱정하지 마시옵소서.

"이것들을 어디서 발견했습니까?"

경호실장이 머뭇거리다가 대답했습니다.

"대통령 각하의 서재에서 찾았습니다. 대통령께선 발견하지 못한 모양입니다."

"이럴 수가!"

장 형사님과 사립탐정 K, 그의 조수가 동시에 소리를 질렀습니다. 특히 장 형사님은 얼굴이 백짓장처럼 하얗게 질려 있었다고 합니다.

"CC-TV를 확인했지만, 아무것도 찾을 수가 없습니다. 도무지 납득이 가지 않습니다."

사립탐정 K는 그것 보라는 듯한 표정으로 장 형사님을 바라보았습니다.

"청와대의 삼엄한 경계를 뚫고 침입해서 이런 쪽지와 책을 남길 정도라면, 어딘가에 폭탄을 숨겼을 가능성도 있습니다."

K의 말에 경호실장이 대꾸했습니다.

"검색과 수색을 더욱 철저히 하고, 주변의 경계도 더욱 강화할 겁니다. 두 분이 아니었으면 큰일 날 뻔했습니다. 정말 고맙습니다."

박 형사님은 재빠르게 무선으로 경찰서에 연락을 취했습니다.

장 형사님은 쪽지와 책을 비닐봉투에 넣으며 말했습니다.

"만약의 사태에 대비해서 폭발물 제거반을 청와대로 투입하겠습니다. 그리고 CC-TV 테이프는 더욱 면밀하게 검토하도록 국립과학수사연구소에 의뢰하겠습니다. 그리고 박 형사."

"네."

"자네는 이 《성학집요》라는 책이 뭐 하는 책인지 좀 알아보게."

사립탐정 K는 아무 말 없이 생각에 잠겼습니다. 이제는 아무도 K를 업신여길 수 없게 되었습니다.

청와대에 비상이 걸려 있던 그때, 헐랭이 삼촌과 나는 경복궁을 돌아보고 있었습니다. 정이는 우리보다 앞서서 달려갔다가 되돌아오기를 반복하며 분주하게 뛰어다녔습니다. 정이가 좋아하는 모습을 보니 헐랭이 삼촌을 따라 나서기를 잘했다는 생각이 들었습니다. 처음 삼촌을 따라 나설 때만 해도 많이 불안했습니다. 진짜 우리 삼촌이 맞는지도 의심스러웠고요. 솔직히 나는 헐랭이 삼촌이 진짜 우리 삼촌이라는 확신이 서지 않았습니다. 하지만 그런 건 상관없다고 생각했어요. 헐랭이 삼촌이 좋은 사람이라는 건 분명하게 알 수가 있었거든요.

"자, 이제 다시 수업을 시작해 볼까?"

나는 삼촌을 올려다보며 고개를 끄덕였습니다. 삼촌은 나의 그런 모습이 보기 좋은지 활짝 웃었습니다.

"조금 전에도 얘기했듯이 성리학자들은 '리'와 '기'의 관계에 대해서 조금씩 다른 관점을 가지고 있었단다. 화담 서경덕, 고봉 기대승, 퇴계 이황, 율곡 이이 등은 편지를 통해 자신의 의견을 밝히고 논쟁을 벌여 왔지. 그중에서 퇴계 이황 선생과 율곡의 사상에서 나타나는 차이점을 간략하게 이야기하도록 하마."

헐랭이 삼촌은 잠시 머릿속으로 생각을 정리하는 듯 먼 하늘을 올려다보고 있다가 말을 이었습니다.

"우리나라 성리학자들은 중국의 학자들과는 달리 이 세상의 현상이나 동식물, 물건보다 주로 사람의 마음과 성품에 대해서 '리'와 '기'를 가지고 설명했어. 하지만 '리'와 '기'가 어떻게 작용해서 현상으로 나타나는가에 대해서는 학자들마다 주장이 엇갈렸지. 먼저 퇴계 이황 선생께서는 '리'가 발동하기도 하고 '기'가 발동하기도 하여 사람의 마음이 움직이는 것이라고 주장했어. 여기서 '발동한다'는 말은 무언가를 하기 위해 움직인다는 뜻이란다."

나는 그 말을 듣고 조금 이상하다는 생각이 들었습니다.

"헐랭이 삼촌, 하지만 조금 전에 삼촌은 '리' 가 형체도 없고 움직임도 없다고 했잖아요. 그런데 '리' 가 어떻게 발동할 수 있어요?"

"하하하하, 삼촌은 아무래도 이 세상에서 가장 똑똑한 제자를 둔 것 같구나. 그래, 맞다. '리' 는 절대 움직이지 않아. 움직인다는 것은 변화할 수도 있다는 말인데, 진리인 '리' 가 변한다면 그건 말이 안 되지. '리' 가 발동한다고 할 때의 이 움직임은 실제로 자연 상태에서 일어나는 운동과는 다른 것이야. 사실 '리' 가 움직이지 않는다는 것은 주자 성리학의 기본이지."

'리' 가 움직이기는 움직이는데 움직이는 것이 아니다? 도무지 이해할 수가 없는 말이었습니다. 내 머릿속이 복잡하다는 걸 알아차렸는지 삼촌은 빙그레 웃으며 내 눈을 들여다보았습니다.

"그럼 몽이가 이해하기 쉽도록 말해 줄게. 그것을 이해하기 위해서는 사람의 마음을 알아 둘 필요가 있어. 우선 크게 둘로 나눌 수 있는데, 불쌍하게 여기는 마음, 부끄러워하는 마음, 사양하는 마음, 옳고 그름을 분별하는 마음이 그 하나이고, 다음으로 기뻐하고 화내고 슬퍼하고 두려워하고 사랑하고 미워하는 감정이 그 둘이야. 앞의 것을 다른 말로 사단(四端)이라 부르고, 뒤의 것을 칠정(七情)이라 하지. 대부분의 성리학자들은 이러한 사단과 칠정이 모두 '기'가 움직여서 생기는 것으로 본단다. '리'는 운동하는 것이 아니니까 말이다. 퇴계 선생 역시 뒤에 나오는 일곱 가지 감정인 칠정이 '기'가 움직여 나오는 것이라는 점을 인정하지만, 앞의 네 가지 마음, 곧 사단은 절대로 '기'와 상관이 없다고 고집스레 말하지. 사단은 순수하고 지극히 선하기 때문에 바로 '리'가 발동한 것이 되어야 한다고 주장했단다. 그러니까 퇴계 선생이 '리'가 움직인다고 보는 것은 인간의 마음을 두고 한 말이야. 자연현상을 두고 한 말은 아니지. 어쨌거나 사람들은 퇴계 선생이 '리'도 움직인다고 하여 '리'와 '기'의 상호 발동을 주장했다고 본단다. 퇴계 선생의 이러한 주장은 과학적으로는 맞지 않지만, 인간의 순수하고 선한 마음은 그 자체가 '리'로 보아도 무방하므로 인간성을 긍정하고 인간의 가치를 끌어올렸다고 평가할 수 있어. 이것이 퇴계학의 위대한 점이야. 비록 주자와 입장이 좀 다르고 다른 성리학자들과도 의견이 달랐지만 말이다."

"어려워요."

"어렵겠지. 사실 퇴계 선생이 이렇게 생각한 데는 이유가 있어. 그것을 알면 왜 퇴계 선생이 '리'가 발동한다고 말했는지 알게 될 거야. 선생은 '리'와 '기'를 엄격하게 구분해서 보려고 하는 마음이 강했어. '리'는 지극히 선하고 다른 것과 섞일 수 없어. 하지만 '기'는 그렇지 못해. 당시에 간신들이 선비를 모함해서 죽이는 일이 많았거든. 그래서 그 당시 상황으로 봐서 '리'는 군자를 상징하고, '기'는 임금께 아첨하여 자신들의 이익만을 찾는 간신이나 소인배를 상징하지. 그래서 선생은 이런 군자와 소인을 철저히 구분하려고 했던 것이야. 그런 학문을 만든 것도 시대적 배경이 있다 이 말이야. 어험!"

헐랭이 삼촌은 다소 거드름을 피우며 여유만만하게 대답하였습니다.

"그럼 이율곡은요?"

헐랭이 삼촌은 나의 호기심이 반가운 듯 계속해서 웃음을 지었습니다.

"내 이야기가 재미있니?"

사실 삼촌의 이야기가 재미있는 것은 아니었습니다. 하지만 무언가를 끊임없이 생각하도록 만들었기 때문에 지루하지는 않았습니다. 나는 어떻게 대답할까 고민하다가 말했습니다.

"신기해요."

헐렁이 삼촌은 장난꾸러기처럼 양 볼을 부풀린 채 인상을 찌푸리고 있다가 말했습니다.

"음…… 재미있다는 뜻으로 받아들이마. 히히."

정이는 삼촌과 내 주변을 빙글빙글 돌기도 하고, 멀리 뛰어갔다가 되돌아오기도 했습니다. 그러다가도 탑 앞에 서면 물끄러미 꼭대기를 올려다보았습니다.

"율곡은, '리'는 형체도 없고 움직임이 없지만 '기'는 그 반대로 형체가 있고 움직임이 있다고 보았지. 따라서 '리'의 어떠한 움직임도 인정하지 않았단다. 논리적이고 과학적인 입장에서 현상이 나타나고 사물이 존재하는 것은 오로지 '기'의 움직임 때문이라고 생각했어. 다시 사람의 마음이나 감정을 가지고 설명하면, 율곡의 입장에서 볼 때 앞의 네 가지 마음인 사단이나 일곱 가지 감정인 칠정은 모두 '기'가 발동하여 생기는 것이지. 왜냐하면 율곡은 '리'가 오로지 하나의 진리로만 존재할 뿐 어떠한 움직임도 보이지 않는다고 생각했기 때문이야. 오로지 '기'가 '리'를 실행한다고 생각했지. 여기에서 '리'와 '기'는 각각 존재하는 두 가지이지만, 결코 둘로 나눌 수 없는 관계를 형성해. '리'가 없으면 '기'가 존재할 수 없고, '기'가 없으면 '리'가 현상으로 나타날 수 없으니까. 그래서 율곡은 이러한 '리'와 '기'의 관계를 '이기지묘(理氣之妙)'라는 말로 표현했단다. 이 말은 '리'와 '기'가 묘하게 합쳐져 있다는 뜻이야. 조금 전에 말한 사단과 칠정에 대해서는 나중에 다시 들려줄게."

나는 머릿속으로 퇴계 이황과 율곡 이이의 생각을 정리해 보았습니다. 퇴계 이황은 어떤 마음의 '현상'이 나타나도록 하기 위해 '리'도 움직이고 '기'도 움직인다고 생각했습니다. 하지만 율곡 이이는 '리'는 진리로만 존재할 뿐 '현상'이 나타나도록 움직이는 것은 '기'뿐이라고 생각했어요.

삼촌의 이야기는 계속 이어졌습니다.

"그리고 한 가지 더 생각해 보자. '리'와 '기'는 함께 섞이지도 않지만 어차피 떨어질 수도 없어. 그래서 퇴계의 경우는 '리'와 '기'가 상호 발동하므로 〈'리'가 발동하고 '기'가 따르든지〉, 아니면 〈'기'가 발동하고 '리'가 거기에 올라타고〉, 율곡은 〈'기'가 발동하고 '리'가 얹혀 타서 한 길로 나아간다.〉라고 말했단다. 어렵지?"

"네, 어려워요."

"지금 내가 들려주는 이야기를 네가 온전히 이해한다면, 그건 몽이가 천재인 데다 이 삼촌이 매우 뛰어난 선생이어야 할 거야. 하지만 몽이가 천재인지는 모르겠다만, 이 삼촌이 뛰어난 선생이 아니니 이해가 안 될 수밖에. 하지만 이담에 혹시 공부할 기회가 있다면 이 삼촌의 이야기가 도움이 될 거야."

나도 그렇게 믿었습니다. 당장은 헷갈리는 것도 많고 알아듣기 힘들기도 했지만, 언젠가 헐랭이 삼촌이 들려준 이야기를 이해할 날이 올 거라고요. 하지만 한편으로는 이런 생각도 들었습니다. 과연 성리학자들은 무엇 때문에 그처럼 복잡하고 어려운 것을 밝히려고 했을까? 사람이 살아가는 데 이기론 같은 것이 필요하기는 한 걸까? 내가 이런 의문을 품고 있을 때, 헐랭이 삼촌이 마치 내 마음속을 들여다보기라도 한 것처럼 말했습니다.

"어쩌면 지금 이 시대를 살아가는 사람들은 성리학자들이 가졌던 생각과 철학이 아무짝에도 쓸모없는 것이라고 생각할지도 몰라. 하지만 당시의 성리학자들은 세상이 흘러가는 이치와 인간의 마음을 알고 싶어 했어. 증오나 슬픔, 기쁨과 즐거움 같은 감정이 왜 생겨나는 것인지를 알면, 옳고 그름을 더욱 명확하게 알 수 있을 거라고 생각했던 거야. 결국 성리학자들의 철학사상은 세상을 바르게 살기 위한 고민에서 시작되었다고 볼 수 있단다. 그리고 그 고민은 '사단칠정론'으로 연결돼. 아휴, 배가 고프구나. 뭐라도 먹고 다시 둘러보자꾸나."

때를 맞추어 뱃속에서 꼬르륵 소리가 났습니다. 헐랭이 삼촌이 부르자 정이가 쪼르르 달려와 삼촌의 손을 잡았습니다. 3년 넘게 같은 마당을 쓴 옆집 아주머니에게도 정이는 저렇게 대하지 않았어요. 사실은 나도 헐랭이 삼촌이 좋았습니다. 하지만 정이를 보고 있으려니까 괜스레 심술이 나는 거 있죠.

5 네 가지 본성과 일곱 가지 사람의 마음

우리는 휴게소에서 컵라면과 김밥을 먹었습니다. 휴게소의 파라솔에는 우리 말고도 많은 사람들이 있었습니다. 정이가 물끄러미 한쪽을 바라보았습니다. 정이의 시선 끝에는 한 가족이 우리처럼 컵라면과 김밥을 먹고 있었습니다. 엄마가 아이에게 김밥을 먹여 주고 있었어요.

"정이야, 아."

정이는 여전히 그 가족에게 시선을 둔 채 참새처럼 입을 벌렸습니다. 정이는 참 착한 아이입니다. 엄마가 아픈 이후로 나는 정이의 두 번째 엄마가 되어야 했어요. 정이는 항상 말 잘 듣고 어여쁜 아이였습니다. 앞으로도 그렇게 자라 주었으면 좋겠습니다.

다시 사이렌 소리가 울렸습니다. 이번에는 조금 전보다 훨씬 소리가 컸어요. 나는 그 당시에는 영문을 몰랐기 때문에 소리가 나는 쪽을 찾기 위해 이리저리 두리번거렸습니다. 그때 한 아저씨가 말했습니다.

"청와대에 무슨 일이 생겼나?"

청와대라면, 대통령이 사는 곳이잖아요! 내가 놀란 눈으로 삼촌을 보았지만, 삼촌은 아무렇지도 않은 듯 음료수를 들이켜다가 내게 물었습니다.

"조금 전에도 저 소리가 들렸던 것 같은데, 저게 도대체 무슨 소리니?"

이제는 별로 놀랍지도 않았습니다. 삼촌의 뚱딴지같은 말에 나도 조금씩 적응이 되었기 때문입니다.

"경찰차 소리잖아요."

"경찰? 아, 그렇지. 포졸."

나는 삼촌이 경찰 마스코트인 '포돌이'를 포졸이라고 잘못 말했다고 생각했습니다. 설마 아무리 엉뚱하기로서니 경찰을 포졸이라고 부를 리야 없잖아요?

"내가 열여섯 살이었을 때 어머니가 돌아가셨어. 몽이보다 네 살이 많았지만, 난 당시에 슬픔을 이길 수가 없었어. 몽이와 정이를 보고 있으니, 참 대견하다는 생각이 드는구나."

헐랭이 삼촌은 모르고 있었습니다. 밤에 정이와 삼촌이 잠들고 나면 내가 소리 없이 눈물을 훔친다는 사실을요. 언제쯤 이 슬픔이 가실까요? 언제쯤 엄마를 더 이상 볼 수 없다는 사실에 익숙해질까요?

눈물이 나려고 했습니다. 나는 애써 웃음을 지으며 삼촌에게 말했습니다.

"헐랭이 삼촌, 이야기 더 해 주세요."

헐랭이 삼촌은 내 마음을 알고 있는 듯했습니다. 삼촌 역시 미소를 짓고 있었지만, 눈동자에 슬픔과 그리움이 어려 있는 것을 알수 있었어요. 아마 삼촌도 열여섯 살에 떠나보낸 엄마를 생각하는 거겠죠?

"그래, 기왕 시작을 했으니 공부를 더 해 보자꾸나. 성리학자들이 사람의 마음에 '사단(四端)'과 '칠정(七情)'이라는 것이 있다고 생각했다는 말은 조금 전에 했지?"

이기론에 대해서 이야기할 때와는 달리 헐랭이 삼촌의 음성은 메말라 있었습니다. 내가 그렇듯이 삼촌도 가슴속에서 점점 자라나는 슬픔과 그리움을 감추기 위해 일부러 이야기를 꺼낸 것 같았습니다. 삼촌도 나도 공부를 할 기분이 아니었거든요.

"사단과 칠정은 '리'와 '기'에서 비롯된 감정이기 때문에 '리'와 '기'에 대한 성리학자들의 입장이 다르듯 사단과 칠정에 대한 의견도 학자들마다 달랐어. 사단의 '단(端)'은 '단서' 혹은 '실마리'로 해석할 수 있단다. 맹자는 사단을 두고, 인간의 본성인 '네 가지 감정의 실마리〔四端〕'를 불같이 타오르게 하고 샘물처럼 솟아나게 해야 한다고 말했어. 맹자의 이러한 생각은 그 자신이 주장한 성선설(性善說, 인간은 본래 선한 성품을 타고 태어난다는 학설)과도 연결되고 있지."

"그럼 사단은 좋은 감정이겠네요?"

"그렇지. 앞에서도 말했지만 사단은 불쌍히 여기는 마음〔惻隱之心—측은지심〕, 부끄러워하는 마음〔羞惡之心—수오지심〕, 사양하는 마음〔辭讓之心—사양지심〕, 옳고 그름을 따지는 마음〔是非之心—시비지심〕을 일컫는데, 이 네 가지 마음은 인간이 타고난 선한 본성을 가리킨단다."

메말라 있던 삼촌의 음성이 조금씩 활기를 띠기 시작했습니다. 나도 삼촌의 말에 점점 귀를 기울이게 되었어요.

"그리고 칠정은 기쁨〔喜—희〕, 분노〔怒—노〕, 슬픔〔哀—애〕, 두려움〔懼—구〕, 사랑〔愛—애〕, 미움〔惡—오〕, 욕망〔欲—욕〕을 가리키는 것으로 일곱 가지 종류의 인간 감정을 나타내는 말이야. 사단과 칠정의 관계는 '리'와 '기'의 관계를 보는 관점에 따라서 다르게 볼 수 있는데, 퇴계 이황 선생과 고봉 기대승 선생은 이 문제를 두고 8년 동안이나 편지를 주고받으며 논쟁을 벌였어. 이것을 '사칠논변'이라고 해."

"우와, 8년 동안이나요?"

"놀랍지?"

"두 사람 다 고집이 엄청나네요."

"하하하. 하지만 이 두 사람의 끈질긴 논쟁으로 인해 우리나라 성리학은 한층 발전할 수 있었어. 그럼 두 사람의 입장이 어떻게 달랐는지 이야기해 줄게."

"네."

헐랭이 삼촌은 목소리를 가다듬기 위해 헛기침을 했습니다.

"퇴계 이황 선생은 '리'와 '기'가 각각의 두 가지 존재라고 생각했기 때문에 사단과 칠정도 서로 다른 것이라고 생각했어. 선생에 의하면, 사단은 '리'에 의해서 나타난 것으로 오로지 선한 마음뿐이고, 칠정은 '기'에 의해서 나타나는 것이기 때문에 선하기도 하고 악하기도 하다고 했지. 삼촌이 '리'와 '기'에 대해서 설명하면서 들려주었던 이야기 기억나니? 친엄마로부터 버림 받은 사람에 대한 이야기."

"네, 기억나요."

"친엄마를 향한 천성적인 그리움인 '리'는 변하지 않지만, '기'는 미워하는 마음으로 나타나기도 하고 사랑하는 마음으로 나타나기도 했잖니? 퇴계 이황 선생의 사단칠정론 역시 그렇게 이해하면 된단다."

"그럼 기대승은요?"

"고봉 기대승 선생은 인간의 마음속에 있는 정을 칠정으로 모두 설명할 수 있다고 생각했어. 다만 그 칠정 가운데 오로지 선한 마음을 사단으로 보았어. 이것은 고봉 선생이 주장한 '기' 가운데에 '리'가 있다는 생각과 같은 맥락이야. 수학적으로 생각하면, 칠정이라는 집합 속에 사단이라는 부분집합이 포함되는 거지."

그동안 헐랭이 삼촌의 성리학 수업을 들으며 어느 정도 성리학에 가까워진 걸까요? 사단과 칠정에 관한 삼촌의 말은 대부분 알아들을 수가 있었습니다.

"그리고 율곡은 고봉 기대승 선생의 주장에 동의했다고 할 수 있어. 그 역시 '리'와 '기'가 결코 나누어질 수 없는 관계에 있다고 생각했기 때문에 사단이 칠정 속에 포함되어 있다고 생각했거든."

헐랭이 삼촌이 의자에서 일어서며 정이를 안았습니다.

"우리 정이 다리 아프지?"

"응."

"다른 데 가 볼 데가 있으니까, 서둘러서 돌아보자."

헐랭이 삼촌이 한 팔로 정이를 안고 다른 한 팔을 내게 뻗었습니다. 하지만 난 삼촌이 손을 뻗는 것을 못 본 척했습니다. 삼촌이 좋기는 하지만, 그래도 부끄러웠거든요.

우리는 경복궁의 빼어난 경관 속으로 걸음을 옮기며 콧노래를 흥얼거렸습니다.

이기론

이 세상은 어떻게 만들어졌을까요? 기독교에서는 하나님이 7일 동안 세상을 만들었다고 합니다. 그리고 중국의 어떤 신화에서는 커다란 거인이 죽은 뒤에 머리카락이 숲을 이루고, 살은 땅이 되고, 피는 강과 바다가 되었다고도 합니다. 그렇다면 유학자들은 이 세상이 어떻게 창조되었다고 생각했을까요?

중국의 유학자들은 이 세상이 창조되기 전에 '리'와 '기'가 존재했다고 믿었습니다. '리'는 우주와 세상, 자연과 만물이 조화 속에서 움직이는 근본적인 원리와 진리를 가리키는 말입니다. 그러나 이러한 '리'는 후세의 철학자들에 의하여 비판을 받습니다. '리'가 단지 사물이 있기 때문에 생기는 사물의 법칙에 불과하다고 말입니다. 가령 물이 있기 때문에 부력이나 파스칼의 원리가 있는 것처럼 말이죠. 지구상에 생물이 탄생하기 전, 아버지와 어머니가 없는데 어디에 효도의 이치가 있었겠어요?

어쨌든 '리'는 형체가 없고 움직이지도 않기 때문에 스스로 일을 할 수가 없습니다. 그래서 '기'가 필요한 것입니다.

'기'는 '리'의 원리나 진리가 '현상'으로 나타나게 만드는 일꾼이라고 할 수 있습니다. '기'는 흩어지기도 하고 모이기도 합니다. 모이면 형체를 이루어 눈으로 볼 수 있습니다.

율곡이 생각하는 '기'는 '리'가 달라붙거나 타는 그릇과 같은 것입니다. 그는 '기'를 '형체가 있고 움직인다'고 보았는데, 이것은 '기'가 시간과 공간의 제약을 받으며 존재하거나 활동하는 것을 말합니다. 즉 '기'의 변화에는 자연적 변화뿐만 아니라 우리 마음의 변화까지도 해당됩니다. 퇴계는 인간의 마음만 가지고 설명했는데 이렇듯 율곡은 우주나 자연까지도 '기'의 활동에 포함시켰습니다.

　율곡은 '기'의 본래 모습이 아주 맑아서 텅 빈 것과 같은 것으로 보았습니다. 눈으로 볼 수는 없죠. 그런데 '기'는 오르고 내리고 드날리어 그침이 없기 때문에 차이가 나고 앞뒤가 생겨 만 가지 변화가 일어납니다. '기'가 이렇게 활발하게 움직이다 보면 본래의 맑은 모습을 잃기도 하고 그렇지 않을 수도 있습니다. 그래서 온갖 사물의 종류와 변화가 나타나는 것입니다. 그런데 사물의 '기'는 본래 모습으로 돌아갈 수 없지만, 오직 사람만은 자신의 '기'를 본래 모습으로 변화시킬 수 있다고 합니다. 그래서 여기서 인간의 기질을 바꾸어 성인이 될 수 있다는 가능성이 나오는 것입니다.

　이처럼 '이기론'은 우주의 탄생과 자연의 조화만을 말하는 것이 아닙니다. 옛 중국 철학자들은 인간의 몸과 마음도 작은 우주라고 믿었어요. 그래서 사람에게도 '리'와 '기'가 존재한다고 생각했습니다.

　여러분은 모두 부모님을 사랑할 겁니다. 부모님 역시 여러분을 사랑하고 있어요. 그것은 학교에서 배워서 아는 것이 아닙니다. 누가 가르쳐 주지 않아도 알 수 있는 것이죠. 이것 역시 인간의 마음에 '리'가 있기 때문이라고 합니다.

　현실적으로 '리'는 어쩔 수 없이 '기'와 섞여 있지만, 그 가운데 '리'만을 가리켜 '본연지성(本然之性)'이라고도 부릅니다. 하지만 인간은 누구나 기질을 갖고 있으므로 기질의 영향을 받지 않을 수 없습니다. 오로지 성인이 되어야만 본연지성을 완전히 발휘하는 것이 가능하다고 보았습니다.

그런데 자식을 괴롭히는 부모가 있는가 하면, 부모에게 반항하거나 부모를 미워하는 자식도 있습니다. 부모와 자식이 서로 사랑한다는 사실은 '리'이기 때문에 절대로 변하지 않는데, 왜 이런 일이 일어날까요?

어떤 자식이든 부모를 사랑하고, 어떤 부모든 자식을 사랑합니다. 하지만 마음이나 행동은 반대로 나타날 수도 있습니다. '리'와는 달리, '기'는 유전이나 사람이 자라온 환경, 경험에 의해 제 각각 다르게 나타날 수 있기 때문입니다. 그래서 '기'의·영향을 받는 성품을 '기질지성(氣質之性)'이라고 부릅니다. 사람의 성품은 모두 기질지성입니다. 다만 기질이 좋은 사람은 본연지성을 온전히 발휘할 수 있지요. 그래서 앞에서 말한 대로 기질의 변화가 중요한 것입니다. 우리가 성인이 되려고 하려면 수양을 통하여 자신의 기질을 변화시켜야 하는 것입니다.

바보 삼촌과 천재 유학자

_붕당과 《격몽요결》의 구용, 구사

배우는 자가 평생토록 글을 읽어도 이루는 것이 불가능한 것은
뜻이 서지 않은 까닭이다.

– 이율곡 –

국회의사당에 도착한 뒤에 헐랭이 삼촌은 어디론가 사라집니다. 밤늦게 나타난 헐랭이 삼촌을 보자마자 나는 바보처럼 눈물을 흘립니다. 시간이 지날수록 헐랭이 삼촌을 향한 정이 깊어만 갑니다.

그리고 사립탐정과 경찰들은 여전히 헐랭이 삼촌의 뒤를 쫓습니다.

국회의사당에서 헐랭이 삼촌과 우리는 파주로 향합니다. 그런데 어머님 산소에 가겠다는 삼촌은 신사임당 묘소를 찾아갑니다. 도대체 어떻게 된 일이죠?

① 국회의사당의 홍길동

경복궁 구경을 마치고 나올 때, 경복궁 출구에서 낯익은 경비원 아저씨와 마주쳤습니다. 두 번이나 헐랭이 삼촌과 부딪친 덕분에 그 경비원 아저씨도 우리를 기억했습니다.

"이제 가니?"

"네. 안녕히 계세요."

정이도 덩달아서 고개를 꾸벅 숙였습니다.

헐랭이 삼촌이 다가가서 물었습니다.

"국회의사당에 가려고 하는데 어떻게 가죠?"

"서울 지리를 잘 모르세요?"

"네, 하도 많이 변해서……."

삼촌의 대답에 경비원 아저씨는 무언가 미심쩍다는 표정을 지었습니다.

"국회의사당으로 곧장 가는 전철이 없을 텐데……. 그냥 저쪽으로 나가서 택시를 타는 게 좋을 것 같은데요."

삼촌이 내게 물었습니다.

"택시가 뭐냐?"

으으, 또 시작입니다. 헐렁이 삼촌은 성리학에 대해서 이야기할 때만 정상으로 돌아왔습니다. 그렇지 않으면 여지없이 바보 행세를 했어요.

나는 삼촌의 말은 무시하고 경비원 아저씨에게 물었습니다.

"저쪽으로 나가서 택시 타면 돼요?"

"응."

"고맙습니다. 안녕히 계세요."

나는 삼촌의 옷자락을 붙잡고 경비원 아저씨가 일러준 곳으로 향했습니다. 정이도 삼촌의 소맷자락을 잡아 당겼습니다.

"택시가 뭐냐니까? 그건 안 가르쳐 줬어."

"누가 그런 걸 가르쳐 줘요? 그냥 아는 거지."

정이는 택시를 탄다는 말에 신이 난 모양이었습니다.

"헐랭이 땀톤, 나 택시 탈래."

"그래, 뭔진 모르지만 그거 타자."

우리는 찻길 가에서 택시를 탔습니다. 삼촌은 택시를 세울 줄도 몰랐기 때문에 초등학교 5학년밖에 안 된 내가 잡아야 했어요. 정말 어처구니가 없죠?

택시를 타고 국회의사당으로 가는 도중에 나는 슬그머니 걱정이 되어서 삼촌에게 물었습니다.

"국회의사당에는 왜 가는데요?"

"거기 가면 국회의원들이 있다며."

"그, 그래서요?"

"응, 그 사람들한테 해 줄 말이 좀 있어서."

그 말에 운전기사 아저씨가 룸미러로 삼촌을 훔쳐보았습니다. 나는 운전기사 아저씨의 눈치를 보며 삼촌에게 조심스럽게 물었습니다.

"무슨 말이요?"

"정치를 하는 사람들이 가져야 할 몸가짐에 대해서 들려줄 생각 이야. 전해 줄 책도 있고."

"삼촌, 거기엔 아무나 들어갈 수 있는 데가 아니에요."

"그렇겠지? 원래 관청의 문턱은 백성에게 터무니없이 높은 법이 니까. 그래도 삼촌한테는 다 방법이 있어."

무슨 방법? 경복궁의 근정전에서처럼 막무가내로 행동하려는 건 아닌지 걱정되었습니다. 국회의사당에서는 경복궁에서처럼 쉽게 넘어가지 않을 텐데 말이에요. 아무것도 모르는 정이는 차창 밖으로 지나가는 서울 시내의 풍경에 넋을 놓고 있었습니다. 나는 어떻게든 삼촌을 막고 싶었습니다.

"삼촌, 우리 그냥 할아버지한테 가요. 그냥 강릉으로 가요."

"할아버지가 빨리 보고 싶니?"

그렇지는 않았지만, 나는 거짓으로 고개를 끄덕였습니다. 하지만 삼촌은 마음을 돌릴 생각이 없는 모양이었습니다.

"국회의사당에 갔다가 다시 택시 타고 곧장 파주로 가자. 거기서 한잠 자고 내일 강릉에 가면 되겠다. 삼촌은 세상구경이 너무 오랜만이라서 말이야. 몽이가 양보해 줄래? 그리고 나는 정이랑 몽이랑 조금이라도 더 같이 있고 싶어."

헐랭이 삼촌의 마지막 말이 가슴에 걸렸습니다. 강릉 할아버지 댁에 가면 헐랭이 삼촌이랑 헤어져야 하나? 하지만 친척이니까 자주 볼 수 있겠지. 삼촌의 그 말을 듣고 나니까, 나도 헐랭이 삼촌과의 여행이 조금 더 길어졌으면 좋겠다는 생각을 했습니다.

"그런데 국회의원들한테 무슨 말씀을 하실 거예요?"

"전에 TV로 보니까, 국회의원들끼리 몸싸움을 벌이더구나. 보기 좋은 모습이 아니었어."

"그래서 싸우지 말라고 말씀하시려고요?"

"전에도…… 그러니까 조선시대에도 정치하는 사람들끼리 편을 갈라 싸우고는 했단다. 혹시 '붕당'이라고 들어 본 적 있니?"

처음 듣는 말이었습니다. 그래서 고개를 저었습니다.

"붕당이란 '붕'과 '당'이 합쳐진 말이란다. '붕(朋)'은 같은 스승 밑에서 공부한 사람들의 모임을 일컫는 말이고, '당(黨)'은 같은 이익을 추구하고 뜻을 같이하는 사람들이 모인 집단을 가리키는 말이지. 붕이든 당이든 여러 개의 집단이 각자의 주장을 내세우며 대립하고 논쟁을 벌이는 것은 이 사회가 건강하다는 증거야. 하지만 극단적으로 자기 집단의 이익만을 추구하고, 상대편의 주장은 무조건적으로 반대하고 묵살하려고 한다면 사회에 큰 혼란이 온단다."

TV를 통해서 정당들이 상대편 정당을 비방하거나 국회의원들끼리 욕설을 하고 몸싸움을 벌이는 장면을 많이 보았기 때문에 나는 삼촌의 말을 잘 이해할 수 있었습니다.

"조선시대에도 같은 학문을 추구하거나 정치적으로 뜻을 같이하는 사람들이 편을 갈라 싸움을 벌이고는 했단다. 처음에는 서로의 의견을 나누고 논쟁을 벌이면서 훌륭한 모습을 보여 주었지만, 나중에는 서로 권력을 차지하기 위해 다투기도 했어. 율곡은 국력을 소모하고 나라의 기강을 어지럽히는 싸움을 막기 위해 백방으로 노력했지만, 결국 나는 아무것도 할 수가 없었어."

헐랭이 삼촌이 '나는'이라고 하는 말을 듣고는 깜짝 놀랐습니다. 경복궁 근정전에서 소란을 피우고 난 뒤에도 삼촌은 이율곡에 대해서 이야기하면서 '나는'이라고 말을 한 적이 있었습니다. 아마도 삼촌이 성리학 공부를 너무 많이 해서 이율곡과 자신을 혼동하고 있는 것이라고 생각했습니다. 어쩐지 삼촌이 가엾다는 생각이 들었습니다.

"그래서 이 여행이 끝나기 전에 국회의원이라는 사람들을 만나 이야기해 주고 싶은 것이 있어. 내가 그들에게 도움이 되었으면 좋으련만……."

택시가 국회의사당 앞에 도착했습니다. 국회의사당 정문 앞 광경은 무척 어지러웠습니다. 군데군데에 1인 시위를 벌이는 사람들이 있었고, 비장한 느낌을 주는 노랫소리도 들렸습니다. 텐트를 치고 농성을 벌이는 사람들도 있었습니다.

삼촌은 택시에서 내리자마자 곧장 정문을 향해 걸어갔습니다. 정문을 지키고 있는 경찰관 아저씨가 삼촌을 가로막았습니다.

"무슨 일이십니까?"

"여기 계신 분들 만나러 왔소이다."

"여기 계신 분 누구요?"

"국회의원들이지 누구겠소?"

나는 가슴을 졸이며 삼촌을 지켜보았습니다.

"특별한 용무가 없으시면 출입을 허가할 수 없습니다. 그냥 돌아가십시오."

한동안 헐랭이 삼촌은 경찰 아저씨와 실랑이를 벌였습니다. 목소리가 높아지자 정문 근처에서 시위를 하고 있던 사람들도 모여들었습니다. 사람들이 정문을 막아선 경찰 아저씨들을 향해 소리를 지르기 시작하자 삼촌은 그 사람들을 향해 말했습니다.

"이 분들이 무슨 잘못이겠습니까. 백성 위에 군림하려는 사람들이 문제지요."

헐랭이 삼촌은 나와 정이를 농성 텐트가 있는 쪽으로 데리고 갔습니다. 그곳에서는 농산물 수입개방을 반대하는 농민 아저씨들

이 자리를 지키고 있었습니다. 삼촌이 농민 아저씨 한 분에게 말했습니다.

"잠시만 이 아이들을 봐 주시겠습니까?"

"그러시구려."

"금방 돌아오겠습니다. 몽이야, 정이야, 아저씨 말 잘 듣고 있어야 한다."

삼촌은 국회의사당의 울타리를 따라 걷다가 모퉁이를 돌아서 사라졌습니다.

"여기에 앉아서 기다리렴."

농민 아저씨가 우리에게 자리를 내 주었습니다. 아주머니 한 분이 초코파이와 우유를 가져다주었습니다. 나는 삼촌이 걱정되어서 삼촌이 사라진 모퉁이 쪽에서 시선을 떼지 않았습니다.

여름의 긴 해가 저물도록 삼촌은 돌아오지 않았습니다. 텐트에 있던 아저씨와 아주머니들도 걱정이 되는지 삼촌이 어디에 간 거냐고 물었습니다. 나는 잘 모른다고 대답했습니다.

혹시 삼촌이 위험한 일을 하다가 다쳤거나 경찰관 아저씨들한테 붙잡힌 것이 아닌지 걱정이 되었습니다. 나는 고개를 들고 국회의사당 울타리 너머로 안을 들여다보았습니다. 내 곁에서 정이도 발

끝을 세우고 있었습니다. 소란이 일어난 기미는 보이지 않았습니다. 도대체 헐랭이 삼촌은 어디에 갔을까? 정이도 걱정이 되는지 잠도 자지 않고 텐트 바깥만 바라보았습니다.

날이 저물고 캄캄해졌을 때에야 삼촌이 사라졌던 모퉁이에서 커다란 배낭을 멘 사람의 실루엣이 보였습니다. 헐랭이 삼촌이었습니다. 정이도 삼촌을 발견했는지 손가락으로 가리키며 큰소리로 말했습니다.

"헐랭이 땀톤!"

정이가 뛰어갔습니다. 하지만 나는 삼촌이 야속하고 미워서 제자리에 선 채 삼촌이 걸어오는 쪽을 흘겨보았습니다. 정이는 삼촌에게 다가가서는 껑충 뛰어올라 삼촌 품에 안겼습니다. 삼촌은 정이를 한 손으로 받치고서 천천히 걸어왔습니다.

"길을 잃었지 뭐니. 이렇게 울타리를 따라서 걸어오면……."

삼촌이 말을 멈추고 내 앞에 쪼그리고 앉았습니다. 나는 입술을 굳게 다문 채 계속해서 삼촌을 흘겨보았습니다.

정이가 내 볼을 쓰다듬으며 말했습니다.

"언니야, 우지 마."

나도 모르게 눈물을 흘린 모양이었습니다. 내가 눈물을 흘리고 있었다는 사실을 깨닫는 순간, 그동안 참고 참았던 흐느낌이 터져 나오고 말았습니다. 부끄럽게도 나는 목청을 높여 울음을 토했습니다. 정이도 덩달아서 울음을 터뜨렸습니다.

"몽이야, 정이야, 삼촌이 잘못했다. 용서해 줘."

엄마를 떠나보내며 나는 다짐했습니다. 울지 않겠다고, 특히 정이 앞에선 절대로 울지 않겠다고 말입니다. 하지만 한 번 터져 나온 울음은 좀처럼 그칠 줄을 몰랐습니다.

"에이, 젊은 양반! 애들이 얼마나 걱정했는지 알아요?"

정이와 나에게 초코파이와 우유를 주었던 아주머니가 삼촌을 나무랐습니다.

"죄송합니다. 그리고 아이들을 보살펴 주셔서 고맙습니다."

"우리가 뭐 한 게 있나. 삼촌 기다리느라고 거기서 꼼짝도 안 하던데."

정이와 나의 흐느낌이 잦아들자 삼촌은 소맷자락으로 우리의 눈물을 훔쳤습니다.

파주로 가기에는 너무 늦은 시각이었습니다. 삼촌은 텐트의 농민들에게 하룻밤 잠자리를 청했습니다. 농민 아저씨 아주머니들은 기꺼이 우리에게 자리를 내 주었습니다.

정이는 잠이 들고, 삼촌은 밤늦도록 농민 아저씨 한 분과 텐트 앞에서 이야기를 나누었습니다. 나는 삼촌의 배낭을 베고 누워서 삼촌의 뒷모습을 바라보았습니다. 가끔씩 삼촌은 우리가 잘 자는 지 확인하기 위해 뒤를 돌아보았습니다. 그러면 나는 얼른 눈을 감고 자는 척했습니다.

많이 피곤하고 졸리기는 했지만 좀처럼 잠을 이룰 수가 없었습니다. 눈을 감으면 헐렁이 삼촌이 어디론가 사라져 버릴 것만 같았습니다. 저녁에 삼촌을 기다리는 동안 이런 생각이 들었습니다. 어쩌면 헐렁이 삼촌은 이 세상 사람이 아닐지도 몰라. 엉뚱한 소리를 해 대는 삼촌을 보면 그런 생각이 드는 것도 무리는 아니지요. 하지만 꼭 그것 때문만은 아니었습니다. 삼촌을 보고 있으면 마치 헬륨이 들어 있는 풍선처럼 너무너무 가벼워서 금세 하늘을 향해 날아오를 것 같은 느낌이 들었거든요. 그래서 일부러 커다랗고 무거운 가방을 메고 있는 건지도 모른다고.

아빠가 떠올랐습니다. 아빠와 헤어진 날은 내 생일이었어요. 아침에 아빠는 나에게 장난감 피아노를 사 주겠다는 약속을 하고 일터로 나갔습니다. 하지만 아빠는 돌아오지 않았습니다. 찻길을 건너다가 교통사고를 당했다고 했어요. 아빠 곁에는 산산조각 난 장난감 피아노가 놓여 있었다고 합니다.

아빠는 세상을 떠났고, 장난감 피아노도 산산이 부서졌지만, 때때로 나는 피아노 건반 두드리는 소리를 듣고는 했습니다. 그럴 때면 하늘나라에 있는 아빠가 나를 위해 피아노를 치고 있다고 상상했습니다.

사랑하는 아빠와 엄마를 하늘나라로 떠나보냈기 때문일까요? 나는 삼촌도 우리를 떠날지 모른다는 생각이 들었습니다.

삼촌의 말소리가 따뜻한 입김처럼 귓가에 맴돌았습니다. 나는 자꾸만 희미해지는 삼촌을 놓치지 않으려 했지만, 어느 새 스르르 눈을 감았습니다.

② 사립탐정 K의 추적

나는 잠에서 깨자마자 헐랭이 삼촌을 찾았습니다. 삼촌은 어젯밤과 마찬가지로 텐트 앞에 앉아 있었습니다.

잠이 든 사이, 나쁜 꿈을 꾸었어요. 안개가 자욱한 길 위를 걷고 있는데, 앞서 걸어가던 삼촌이 갑자기 우리를 향해 손을 흔들었습니다. 정이와 내가 삼촌을 쫓아가려 했지만, 삼촌은 뿌연 안개 속으로 자꾸만 숨었습니다.

잠에서 깬 뒤에 삼촌의 뒷모습을 확인한 순간, 마음이 놓였습니다. 이제는 헐랭이 삼촌이 진짜 우리 삼촌이 아니라고 해도 상관없습니다. 삼촌이 정이와 나를 몹시 아낀다는 걸 알 수 있었거든요. 그리고 나도…… 헐랭이 삼촌이 참 좋습니다.

"이제 깼니?"

삼촌의 목소리에 정이가 벌떡 몸을 일으키며 소리쳤습니다.

"헐랭이 땀톤!"

"나, 여기 있어."

정이는 잠에서 깨자마자 헐랭이 삼촌 품으로 파고들었습니다. 정이도 나쁜 꿈을 꾸었나 봅니다.

우리는 텐트의 농민 아저씨와 아주머니들을 따라 한강 둔치로 갔습니다. 그곳에 있는 수돗가에서 세수를 하고 양치질도 했습니다. 농민 아저씨, 아주머니들이 아침밥까지 차려 주었습니다. 반찬은 몇 가지 안 되었지만, 참 맛있게 먹었습니다. 농민 아저씨, 아주머니들은 우리뿐만 아니라 주변에서 1인 시위를 벌이고 있는 분들에게도 음식을 나누어 주었습니다.

"신세 많이 졌습니다."

"신세는 무슨……. 이제 강릉으로 가는가?"

밤사이 이야기를 나누면서 삼촌이 할아버지에 대해서 말한 모양이었습니다.

"우선 파주로 갈 겁니다. 거기에 어머님 산소가 있거든요."

"아, 그래?"

"원하는 것을 성취하시기 바랍니다. 그럼 안녕히 계십시오."

정이와 나도 농민 아저씨, 아주머니들에게 공손하게 인사를 했습니다.

국회의사당 울타리를 따라 걸으며 삼촌에게 물었습니다.

"저 아저씨들이랑 아주머니들은 언제까지 저기에 계실 거래요?"

"글쎄다. 정치나 정책이 한 방향으로 흘러가면 소외되거나 불이익을 당하는 사람이 생기게 마련이란다. 하지만 나라 경제의 근본이라고 할 수 있는 우리의 농민들이 고통 받는 모습을 보니 마음이 아프구나. 부디 정치하는 사람들이 당장의 이익보다는 먼 미래를 내다보고 두루두루 살필 줄 아는 눈을 가졌으면 좋으련만."

삼촌의 말에 저절로 고개가 끄덕여졌습니다. 삼촌은 어떨 땐 참바보 같다가도 이럴 때는 꽤 똑똑한 사람처럼 보였습니다. 아무튼 종잡을 수 없는 사람인 건 분명합니다.

"자, 이제 파주에 있는 산소에 갔다가 곧장 강릉으로 가자꾸나."

출근시간이라 그런지 택시를 잡기가 쉽지 않았습니다. 30분가량을 찻길 가에서 고생한 끝에 드디어 택시를 잡을 수 있었습니다.

택시에 오른 뒤에 삼촌이 운전기사 아저씨에게 말했습니다.

"조금 멀리 가야 하는데, 괜찮으시겠습니까?"

"아이고, 요금만 두둑이 쳐 주시면 어딘들 못 가겠습니까?"

"그럼 우선 파주로 가 주십시오."

"알겠습니다, 손님."

택시가 한강을 따라 달리기 시작했습니다. 삼촌의 표정은 약간 굳어 있었습니다. 오랜만에 어머니 산소를 찾으려니 마음이 심란한 모양이었습니다.

우리가 국회의사당 앞에서 잠들어 있는 동안 청와대에서는 위험 물질을 찾는 수색작업이 계속되었다고 합니다. 청와대 주변은 평소보다 훨씬 많은 경찰이 배치되어 경계를 펼쳤습니다. 사립탐정 K와 장 형사님 일행도 청와대 주변에 차를 세워 놓고 잠복근무를 했다고 합니다. 희미하고 부드러운 새벽빛이 세상을 감쌀 무렵에 그들은 차 안에서 잠이 들었습니다. 하지만 잠도 잊은 채 사립탐정 K는 대통령 서재에서 발견된 종이쪽지의 사본만 들여다보았습니다. 그는 잠이 없는 사람이었습니다. 그의 조수는 K가 자는 모습을 단 한 번도 본 적이 없노라고 말했다고 합니다.

차 안의 운전석에는 박 형사님이 잠들어 있었고, 그 옆에는 장 형사님이 잠들어 있었습니다. 뒷좌석에 K와 나란히 앉아 있는 그의 조수 역시 입을 헤 벌린 채 꿈나라를 헤매고 있었습니다.

아침 해가 떠오른 지 한참이 지났습니다. 장 형사님이 제일 먼저 잠에서 깨어서는 사립탐정 K를 돌아보며 말했습니다.

"안 잔 거야? 눈이라도 좀 붙이지 그랬어."

K는 아무 말 없이 종이쪽지만 들여다보았습니다.

"밤새 별 일 없었지?"

여전히 아무 말 없이 K는 고개를 끄덕일 뿐이었습니다.

장 형사님이 옆에 잠들어 있는 박 형사님을 흔들어 깨우며 말했습니다.

"일어나, 박 형사. 해장국이나 먹으러 가세."

네 사람이 탄 차가 경복궁을 지날 때였습니다. 사립탐정 K가 급박한 목소리로 소리쳤습니다.

"잠깐만! 차 좀 세워 봐."

"왜 그래?"

"세우라니까!"

박 형사님이 급제동을 걸었습니다. 차가 멈추자마자 사립탐정 K가 차에서 내려 광화문을 올려다보았습니다. 장 형사님이 따라서 내리며 물었습니다.

"도대체 왜 그러냐니까?"

K가 종이쪽지를 건네며 말했습니다.

"그놈이 남긴 이 쪽지를 봐. 놈은 분명 부산 고속버스터미널에서 '전하'를 만나러 간다고 두 번씩이나 말했어. 하지만 이 쪽지에는 '전하'라는 단어가 없어. 보통 이런 사이코 범죄자들은 하나의 단어에 매우 강한 집착을 보이는 법이야. 그놈의 진짜 목표가 청와대였다면, 쪽지에도 '전하'라는 단어가 들어갔어야 해."

"하지만 예외도 있지 않을까?"

"글쎄, 그건 두고 보면 알겠지."

사립탐정 K는 경복궁을 향해 걸음을 옮겼습니다. 장 형사님이 뒤에서 소리쳤습니다.

"이보게, 그렇다고 경복궁에서 그 '전하'인지 뭔지를 찾겠다는 거야? 지금 시대에 임금이 어디 있어?"

K는 아무런 대꾸도 없이 걸음을 옮길 뿐이었습니다. 나머지 사람들은 어쩔 수 없이 K를 따라 경복궁으로 향했습니다.

입구에 도착해서 주위를 둘러본 K는 경비원 아저씨에게 다가가 물었습니다.

"최근에 여기에서 수상한 사람을 보았다거나 이상한 일이 일어나지 않았습니까?"

K의 질문을 받은 그 경비원 아저씨는 우리와 안면이 있는 그 아저씨였습니다.

"누군데 그런 걸 묻소?"

뒤에 서 있던 장 형사님이 신분증을 보여 주었습니다.

"종로 경찰서에서 나왔습니다."

그러자 그 경비원 아저씨는 인상을 찌푸리더니 곁에 있던 동료를 향해 버럭 소리를 질렀습니다.

"누가 신고한 거야? 별것도 아닌 일을 왜 크게 만들고 그래?"

그 말에 장 형사님이 말했습니다.

"아닙니다. 저희는 신고를 받고 온 게 아닙니다. 그런데 무슨 일이 있었습니까?"

"어제 약간 정신 나간 사람이 근정전에 뛰어들어서 소란이 있기는 했지만, 별 일 아니었습니다."

그 말을 듣고 사립탐정 K가 눈을 빛냈습니다.

"근정전에 뛰어들어요?"

"네, 약간 이상한 사람이었습니다. 전날 저녁에도 관람 시간이 끝난 뒤에 찾아와서는 전하를 알현하러 왔다는 둥 이상한 소리를 했습니다."

"전하를 알현해요?"

장 형사님이 놀란 표정으로 K를 돌아보았습니다. 놀라기는 박 형사님이나 K의 조수도 마찬가지였습니다.

K가 경비원 아저씨에게 물었습니다.

"혹시 여자아이 두 명을 데리고 있지 않았습니까?"

"네, 맞습니다."

K가 정이와 내 사진을 내밀었습니다.

"네, 맞아요. 이 아이들이 맞습니다."

"혹시 아이들을 데리고 있던 남자가 배낭을 메고 있었습니까?"

"네, 아주 커다란 배낭을 메고 있더군요."

"혹시 어제 관람 시간이 끝난 뒤에 경복궁 안에서 그 배낭이 발견되지는 않았습니까?"

"배낭은 그 남자가 가지고 나갔습니다."

"그걸 어떻게 아십니까?"

"여기서 나갈 때 인사도 나누었는걸요. 국회의사당 가는 길을 묻기에 택시를 타라고 일러주었습니다."

사립탐정 K와 그의 조수, 장 형사님과 박 형사님이 동시에 비명에 가까운 소리를 질렀습니다.

"국회의사당!"

③ 아홉 가지의 마음가짐과 몸가짐

　사립탐정 K 일행은 곧장 국회의사당으로 향했습니다. 그들이 국회의사당에 도착한 것은 우리가 파주로 떠난 지 약 2시간 뒤인 오전 10시 30분경이었습니다.

　장 형사님은 국회의사당의 정문 경비를 맡고 있는 경찰관에게 신분증을 보인 뒤에 말했습니다.

　"최근에 특별한 사건이 벌어진 적이 없습니까?"

　경비를 맡고 있는 경찰관 아저씨는 정문 앞에 진을 치고 있는 시위자들을 가리키며 대답했습니다.

"여기야 늘 이렇죠, 뭐."

"음…… 여기 경비 책임자를 만나고 싶습니다."

"그런데 무슨 일이십니까?"

"지금 테러 용의자를 쫓고 있는데, 용의자가 국회의사당으로 갔다는 정보를 입수했습니다."

"잠깐만 기다리십시오."

경찰관 아저씨는 초소 안에 있는 전화로 어딘가에 연락을 취했습니다. 그리고는 사립탐정 K와 장 형사님에게 돌아왔습니다.

"저를 따라오십시오."

K 일행은 곧 국회의사당 경비 책임자가 있는 사무실로 갔습니다. 그곳에서 장 형사님은 정문에서와 똑같은 질문을 던졌습니다. 경비 책임자는 기억을 더듬는 듯 천장을 올려다보고 있다가 대답했습니다.

"여기야 늘 시끌벅적한 곳이지 않습니까? 하지만 특별히 기억나는 일은 없군요."

사립탐정 K가 바짝 다가서며 물었습니다.

"잘 기억해 보십시오. 아주 사소한 일이라도 좋습니다."

경비 책임자는 의자 등받이에 몸을 기댄 채 약간 거드름을 피우며 말했습니다.

"특별히 보고할 만한 일은 아닙니다만, 본회의장 쪽에서 조금 이상한 일이 있기는 했습니다."

"무슨?"

경비 책임자가 부하에게 지시했습니다.

"그것 가지고 와 봐."

경비 책임자의 부하는 캐비닛에서 종이 한 장과 책 한 권을 꺼내 왔습니다.

"오늘 아침에 청소부가 국회 본회의장에서 이걸 발견했습니다."

책은 청와대에서 발견된 것과 마찬가지로 아주 낡은 것이었습니다. 표지에는 한자로 '격몽요결(擊蒙要訣)'이라고 적혀 있었습니다. 그리고 종이에는 이렇게 적혀 있었습니다.

국회의원님들 보십시오

무릇 정치가 바로 서야 나라가 바로 서는 법입니다. 백성을 이끌고 나라를 바로 세우기 위해서는 먼저 정치하는 이들이 바로 서야 하거늘, 어린 민초가 보기에 안타까운 점이 많아 몇 자 남깁니다.

몸과 마음을 바로 세우는 데 꼭 지켜야 할 옛 성현들의 말씀을 전하니 부디 귀 기울여 주시기 바랍니다.

먼저 몸가짐을 바르고 곧게 하며, 용모를 단정히 하여 마음의 지혜를 얻는 가르침인 구용(九容)을 전해 드리겠습니다.

발을 움직임에 있어 무겁게 하고 가볍게 행동하지 말아야 합니다. 침착하고 경솔하지 않은 걸음걸이는 모든 몸가짐의 기본이니, 이것이 족용중(足容重)입니다.

손을 움직일 때는 공손해야 하고, 손놀림을 게을리 하지 말아야 하며, 손을 움직이지 않을 때는 손을 모아야 합니다. 손을 사용함에 있어 해를 끼치지 말고 덕을 베푸는 데 사용해야 하니, 이것이 수용공(手容恭)입니다.

눈매를 단정히 하고 눈동자를 안정시켜 바르게 보아야 하며 째려보거나 흘겨보지 말아야 합니다. 눈은 마음의 거울로서 나의 뜻을 상대방에게 전하는 가장 진실한 수단이니, 이것이 목용단(目容端)입니다.

입을 사용하는 데 있어 말을 할 때나 음식을 먹을 때 항상 조심해야 합니다. 하지 말아야 하는 말은 삼가고, 먹지 말아야 할 음식은 멀리해야 하니, 이것이 구용지(口容止)입니다.

말을 할 때는 소리를 낮추고 심기를 조절해야 합니다. 행여 구역질을 하거나 트림을 할 때도 타인에게 폐를 끼치지 말아야 할지니, 이것이 성용정(聲容靜)입니다.

머리를 곧고 바르게 해야 몸과 생각도 항상 곧게 움직이는 법입니다. 어느 한쪽에 치우쳐 바른 판단을 내리지 못하는 일이 없어

야 하니, 이것이 두용직(頭容直)입니다.

  기운을 가라앉히고 숨을 고르게 하여 거친 소리가 나지 않도록 해야 합니다. 기운과 숨이 흐트러지면 마음 역시 흐트러지는 법이니, 이것이 기용숙(氣容肅)입니다.

  똑바로 일어서고 앉을 때에도 흐트러짐이 없어야 합니다. 서 있

는 모습 하나만으로도 그 사람의 덕과 기상을 보일 수 있으니, 이 것이 입용덕(立容德)입니다.

　얼굴빛을 단정히 하고, 거만이나 태만이 드러나지 않도록 해야 합니다. 환한 얼굴은 자기 자신뿐 아니라 타인에게도 밝음을 선 사하니, 이것이 색용장(色容壯)입니다.

　이제 학문을 닦고 지혜를 구하는 데 있어 가져야 할 마음가짐인 구사(九思)를 전해 드리겠습니다.

　시사명(視思明)은 사물이나 현상을 볼 때 밝고 바르게 보아야 한다는 생각을 한시도 잊지 말라는 가르침입니다.

　청사총(聽思聰)은 남의 말이나 세상사에 귀를 기울일 때에는 그 소리를 총명하게 들을 것을 항상 명심하라는 가르침입니다.

　색사온(色思溫)은 사람을 대할 때에 표정을 부드럽고 온화하게 하 고 성내는 기색이 없도록 하는 것을 항상 생각하라는 가르침입니다.

　모사공(貌思恭)은 옷차림을 단정히 하고 몸가짐을 공손하게 해 야 한다는 생각을 간직하라는 가르침입니다.

　언사충(言思忠)은 말을 할 때 거짓 없이 진실하며, 실천 가능한 말만 하겠다는 생각을 가지라는 가르침입니다.

　사사경(事思敬)은 일을 할 때 항상 신중하며, 성실하게 완수하겠다는 생각을 잊지 말라는 가르침입니다.

의사문(疑思問)은 궁금한 것이 있거나 마음속에 의심이 생기면 언제든지 먼저 깨달은 이에게 물어 반드시 깨우쳐야 함을 생각하라는 가르침입니다.

분사난(忿思難)은 분하고 화가 나는 일이 있을 때는 더욱 큰 어려움이 있을 때를 미루어 자제해야 함을 생각하라는 가르침입니다.

견득사의(見得思義)는 자신에게 이로운 것이 있을 때 그것이 의로운 것인가를 먼저 생각하라는 가르침입니다.

백성의 본보기가 되기 위해서는 학문을 게을리 하지 말아야 합니다. 학문이란 지식을 쌓는 것이 아니라 몸과 마음을 닦는 일입니다. 독서를 널리 하지 못한 것을 부끄러워할 것이 아니라 이치를 정밀하게 살피지 못한 것을 근심해야 할 것이요, 견해와 식견이 넓지 못한 것을 부끄러워할 것이 아니라 실천하지 못하는 것을 근심해야 할 것입니다.

부디 이 옛 성현의 가르침을 늘 염두에 두시어 만백성의 모범이 되는 지도자가 되시기 바랍니다.

글을 다 읽고 난 뒤에 사립탐정 K가 말했습니다.

"《격몽요결》의 '구용'과 '구사' 군요. 도대체 무얼 하자는 건지······. 이것들 말고 다른 것은 발견되지 않았습니까?"

경비 책임자가 대답했습니다.

"다른 것은 없었다고 합니다. 이 물건들이 위험한 것들은 아니지만, 어쨌든 우리의 경계망을 뚫고 누군가가 침입을 했으니, 저희들도 자체적으로 조사를 할 예정이었습니다."

K는 정문에서 만났던 경찰관에게 몸을 돌려 물었습니다.

"기억을 잘 떠올려 보십시오. 최근에 거동이 수상한 사람이 국회의사당 근처를 얼씬거린 적이 없습니까?"

"글쎄요, 워낙 많은 사람들이 드나들기 때문에 딱히 집어서 말할 만한 사람은 없습니다."

"그럼 여자아이 두 명을 데리고 있거나 커다란 배낭을 메고 있는 사람은 없었습니까?"

"네? 아, 있었죠. 국회의원을 만나겠다고 하기에 막았습니다."

"혹시 이 아이들이 맞습니까?"

K가 정이와 내 사진을 보여 주었습니다.

"얼굴은 잘 기억이 안 나지만, 이 또래였던 것 같습니다."

"그게 언제였습니까?"

"어제 오후였습니다."

"어디로 간다는 말은 없었나요?"

"한동안 떼를 쓰다가 돌아갔습니다. 아, 그러고 보니 그 사람 어젯밤에 여기서 잤습니다."

"여기, 국회의사당에서 말입니까?"

"그게 아니라 정문 앞에서 시위를 하고 있는 농민들 텐트에서 잤습니다. 어젯밤에 분명 거기에 있었고, 오늘 아침에도 제가 보았습니다."

K와 장 형사님 일행과 경찰관들은 국회의사당 정문 앞에서 시위를 벌이고 있는 농민들의 텐트로 달려갔습니다. 장 형사님과 사립 탐정 K가 우리에 대해서 물었지만 처음에 농민 아저씨, 아주머니들은 대답을 피했다고 합니다. 정부를 상대로 싸우는 입장이어서 경찰관들에게도 호의적이지 않았던 거죠.

"이것 보세요, 아저씨. 같이 있던 그 아이들은 지금 인질로 붙잡혀 있는 겁니다. 꼭 잡아야 합니다."

장 형사님의 그 말에 농민들은 깜짝 놀랐습니다.

"그럴 리가! 삼촌이라는 사람이 참 착하고, 아이들도 삼촌을 잘 따르던데……."

"어떻게 아이들을 구슬렸는지는 모르지만, 지금 그 아이들의 가족이 애타게 찾고 있습니다. 도와주십시오. 어디로 간다는 말 없었습니까?"

그제야 농민들은 사실대로 털어놓았습니다.

"파주에 있는 어머니 산소에 간다고 했어요."

"파주? 어머니 산소?"

장 형사님이 끌끌 혀를 찬 뒤에 말을 이었습니다.

"이번에는 틀렸군. 파주에 있는 묘를 다 뒤질 수도 없고, 그놈 어머니 산소가 어디 있는 줄 어떻게 알고 찾겠어?"

하지만 K는 아무 말 없이 골똘히 생각에 잠겨 있었습니다. 다른 사람들은 물끄러미 K를 지켜볼 뿐이었습니다. K는 그렇게 깊이 생각에 잠겨 있다가 해결의 실마리를 찾아내고는 했거든요.

이윽고 K가 입을 열었습니다.

"가자!"

"어딘 줄 알고?"

"잘 생각해 봐. 청와대에 그놈이 뭘 남겼지?"

"종이쪽지하고 책. 물론 여기서도 마찬가지이고."

"그놈이 청와대에 남긴 책은 《성학집요》였어. 《성학집요》는 이 율곡이 군주로서 갖추어야 할 덕을 알리기 위해 선조 임금에게 지어 올린 책이야. 그리고 여기서 발견된 《격몽요결》은 이율곡이 어린 후학들의 학문을 돕기 위해 지은 책이지. 이율곡도 한때 조정의 대신이었으니, 여기 있는 국회의원들은 이율곡의 후배라고 볼 수 있는 거야."

"그래서?"

"어떻게 그 머리를 가지고 형사를 하나? 《성학집요》와 《격몽요결》의 공통점이 무언가?"

"……이율곡."

"그래, 그거야. 우리가 쫓고 있는 놈은 자기 자신이 이율곡이라는 망상에 사로잡혀 있는 게 분명해. 그러니 우리는 이율곡의 어머니 묘를 찾아가면 되는 거야."

들고 보니 모든 것이 딱딱 맞아떨어졌습니다. 장 형사님은 무엇에 홀린 듯한 표정으로 말했습니다.

"이율곡의 어머니라면……."

K가 소리쳤습니다.

"신사임당!"

도로를 따라 한참을 달려가던 택시가 시가지에 들어섰습니다.

운전기사 아저씨가 물었습니다.

"조금 있으면 파주입니다. 어디로 모실까요, 손님?"

택시를 타고 오는 내내 어두운 표정으로 생각에 잠겨 있던 헐랭이 삼촌이 깊은 잠에서 깨어난 사람처럼 흠칫 놀라며 대답했습니다.

"신사임당 묘소로 가 주십시오."

"보자, 신사임당 묘소라면…… 아하, 자운서원으로 가면 되겠구면."

"자운서원이라고요? 묘소가 왜 서원에 있습니까?"

"모르세요? 신사임당 묘지도 있고, 이율곡 묘지도 거기 있잖아요."

헐랭이 삼촌의 표정은 당혹스러워하는 빛이 역력했습니다.

"자운산 자락에 모셨는데, 그 사이 서원이 생겼나 보구나."

하지만 솔직히 삼촌보다 더 당혹스러운 사람은 바로 나였습니다. 삼촌은 분명 파주에 있는 어머님 산소를 찾아갈 거라고 했습니다. 그런데 생뚱맞게 신사임당의 묘지엔 왜 가려는 걸까요? 삼촌이 이율곡도 아니면서…….

택시가 자운서원 앞에 도착했습니다. 택시에서 내리기 전에 삼촌이 운전기사 아저씨에게 말했습니다.

"다시 강릉으로 가야 합니다. 오래 걸리지 않을 테니, 기다려 주십시오."

"네네, 그렇게 하십시오. 하지만 기다리는 시간도 요금에 포함하는 겁니다."

자운서원 입구에서 삼촌과 정이, 나는 자운서원에 대한 설명이 적혀 있는 푯말을 읽었습니다. 푯말에는 이율곡의 학문과 덕행을 추모하기 위해 자운서원을 건립했다는 글이 적혀 있었습니다.

삼촌은 황급히 걸음을 옮기며 혼잣말을 했습니다.

"낯 뜨거워서 고개를 들 수가 없구나."

또 다시 헐렝이 삼촌의 알 수 없는 행동이 시작되었습니다. 어머님 산소에 간다면서 신사임당 묘소를 찾은 까닭은 무엇이고, 이율곡의 업적을 기리는 푯말 앞에서 낯 뜨거워할 이유가 뭘까요? 궁금증이 커져만 갔지만, 삼촌에게 선불리 말을 걸 수가 없었습니다. 평소와는 달리 삼촌의 표정이 너무나 진지했기 때문입니다.

안내표지판을 들여다보던 삼촌이 나와 정이에게 말했습니다.

"여기서 기다릴래? 삼촌, 금방 갔다 올게."

정이와 나는 고개를 끄덕였습니다. 삼촌은 신사임당의 묘지가 있는 쪽을 향해 걸어갔습니다. 도대체 무슨 일일까? 도대체 무슨 일일까? 궁금증보다는 걱정이 더 컸습니다.

나는 정이의 손을 잡고 헐랭이 삼촌의 뒤를 살금살금 따라갔습니다. 삼촌은 자운서원과 이어져 있는 야트막한 산으로 올랐습니다. 산 능선에서 묘소를 찾은 듯 걸음을 멈추고는 무릎을 끓었습니다. 흐느끼는 소리는 들리지 않았습니다. 하지만 삼촌의 어깨가 심하게 들썩이는 것으로 보아 울고 있는 게 분명했습니다.

"언니야, 땀톤 왜 울어?"

정이가 금세라도 울음을 터뜨릴 것 같은 표정으로 물었습니다.

"삼촌, 우는 거 아냐."

"아냐, 울어!"

정이가 소리를 빽 지르더니 기어이 울음을 터뜨리고 말았습니다. 나는 얼른 정이를 안고 산을 내려가려고 했습니다. 하지만 정이는 발버둥을 치며 헐랭이 삼촌이 있는 곳으로 가려고 했습니다. 우리가 뒤를 따라온 걸 알면 삼촌이 화를 내지 않을까 걱정이 되었습니다. 삼촌도 정이의 울음소리를 들었는지 황급히 눈물을 훔치며 우리에게로 달려왔습니다.

"삼촌이 울어서 정이도 우는구나?"

언제 그랬냐는 듯 삼촌은 웃음을 지으며 정이를 안아 올렸습니다.

"삼촌은 좋아서 우는 거야, 정이야. 오랜만에 어머니를 만나서 기뻐서 우는 거야."

"땀톤 엄마 어딨어?"

"삼촌 가슴속에. 그런데 여기에 오니까 어머니가 더 가깝게 느껴져."

"울엄마는 없어."

"아냐. 정이 엄마도 있어. 정이를 향한 엄마의 사랑은 절대 사라지지 않는 거야."

정이가 삼촌의 말을 이해한 걸까요? 흐느낌이 조금씩 잦아들더니 정이는 이내 울음을 그쳤습니다.

정이가 울음을 그친 것은 다행이지만, 나는 걱정이 생겼습니다. 삼촌은 신사임당이 마치 친어머니라도 되는 것처럼 이야기하잖아요? 나는 삼촌의 정신이 어떻게 된 게 아닐까 하는 생각까지 들었습니다. 그래서 나는 삼촌에게 말을 돌려서 물었습니다.

"삼촌, 어머니 산소에 안 가요?"

"응?"

"파주에 삼촌 어머니 산소가 있다고 했잖아요."

삼촌이 내 앞에 쪼그리고 앉았습니다. 삼촌은 지긋한 눈길로 내 눈을 들여다보며 말했습니다.

"이제 우리의 여행도 끝나 가는구나."

갑자기 가슴이 컥 막혔습니다. 무언가 묵직한 것이 목으로 넘어올 것만 같았어요. 하지만 난 꾹 참았습니다. 자꾸만 지난밤의 꿈이 떠올랐습니다. 안개 속으로 희미해져 가던 삼촌의 모습이…….

헐랭이 삼촌이 배낭에서 종이와 펜을 꺼냈습니다.

"정이가 삼촌 책상 해야겠다."

삼촌은 정이의 등에 종이를 대고 글을 쓰기 시작했습니다. 정이는 간지러운지 자지러지는 웃음을 토했습니다. 글쓰기를 마친 삼촌은 신사임당의 묘소 앞에 놓여 있는 제단 위에 종이를 놓고는 종이가 날려가지 않도록 그 위에 돌을 얹었습니다.

"자, 이제 할아버지 만나러 가자."

이제 강릉으로 할아버지를 만나러 갑니다. 그리고 우리의 여행도 서서히 끝나 가고 있었습니다.

《성학집요》와 《격몽요결》

《성학집요》는 1575년(선조 8년) 율곡 이이가 군주로서 지켜야 할 자세와 도리를 담아 선조에게 전한 책입니다. 이 책은 율곡 이이가 지은 것이 아니라, 사서와 육경에 씌어 있는 글 중 핵심적인 내용만을 추려 엮은 것입니다.

율곡 이이는 《성학집요》를 통해 자신의 정치적 이상향과 이상적인 국가의 모델을 제시했으며, 선조에 의해 자신의 꿈이 실현되리라는 기대를 품었습니다. 군주가 나아가야 할 방향을 제시한 것은 물론이고 조정(정부)이 백성(국민)의 편에 서서 개혁을 추진할 때만이 성공적인 혁신을 이룰 수 있다는 메시지를 담고 있습니다.

관리 개개인이 올바른 심성을 키우고 스스로 발전을 이루기 위해 노력해야 한다는 이 책의 내용은 오늘날의 공직사회에도 시사하는 바가 큽니다.

※ 사서:《논어》,《맹자》,《대학》,《중용》

※ 육경:《시경》,《서경》,《역경》,《예기》,《춘추》(오경) + 《악경》(육경)

《격몽요결》은 1577년(선조 10년), 학문의 길로 들어서려는 학생들을 위해 율곡 이이가 쓴 책입니다. 학문을 익히는 것이 결코 어려운 일이 아니며, 깨달음을 얻는 방법도 어렵지 않다는 점을 서문에서 밝히고 있습니다.

학문의 진정한 길이 평소에 예(禮)를 다하고 올바른 생활을 실천하기 위한 마음가짐과 몸가짐을 익히는 것이라는 율곡 이이의 생각이 잘 드러나 있으며, 바르게 학문을 익히는 방법을 〈입지(立志)-뜻 을 세움〉에서부터 〈처세(處世)-세상을 올바르게 사는 방법〉까지 10가지 항목으로 나누어 정리했습니다.

《격몽요결》은 《동몽선습》과 함께 학문을 시작하는 아동들이 반드시 읽어야 할 필독서였으며, 선비들이 반드시 거쳐야 하는 학습 교재였습니다.

안녕, 헐랭이 삼촌

_이통 기국과 성인 사상

마음은 몸의 주인이고, 몸은 마음의 그릇이다.
주인이 바르면 그릇은 마땅히 바르게 된다.
- 이율곡 -

이제 여행이 서서히 끝나 갑니다. 할아버지가
있는 강릉이 가까워지고 있으니까요. 그런데
TV에 너무 놀라서 기절초풍할 만한 뉴스가
나옵니다. 글쎄, 정이와 제가 인질로 잡혀 있
다는 거예요.
우리의 여행도 끝나 가고, 경찰들도 포위망을
점점 좁혀 옵니다. 그리고 마지막 순간, 나는
헐랭이 삼촌이 누구인지 알게 됩니다.

① 혁명가 이율곡

"저쪽이야!"

사립탐정 K와 장 형사님 일행은 자운서원에 도착하자마자 신사임당 묘소를 향해 달려갔습니다. 국회의사당에서 자운서원으로 향하면서 장 형사님은 경찰청 특수기동대의 지원을 요청했습니다. 날렵하고 신출귀몰한 특수기동대원들도 자운서원으로 향하고 있는 중이었습니다.

신사임당 묘소 앞에 도착한 사립탐정 K와 장 형사님 일행은 제

단 위에 놓여 있는 종이쪽지를 발견했습니다.

　　몽이와 정이를 데리고 검은 대나무 숲으로 갑니다.
　　그곳에서 우리의 여행이 끝납니다.

　K는 손가락 끝에 침을 약간 묻힌 뒤에 손가락으로 글씨를 훑었습니다.
"잉크가 쉽게 번지는 것으로 봐서 놈이 떠난 지 얼마 안 됐어."
　장 형사님이 고개를 끄덕이고는 말했습니다.
"그런데 검은 대나무 숲이 어디지? 여행을 끝낸다는 건 또 무슨 말이야?"
　장 형사님의 말에 사립탐정 K는 혀를 끌끌 찼습니다.
"도대체 난 이해를 할 수가 없어. 어떻게 자네처럼 우둔한 사람이 형사가 될 수 있었지?"
　장 형사님은 부끄러운 듯 뒷머리를 긁었습니다.
"용의자는 자신이 이율곡이라는 망상에 빠져 있어. 그렇다면 놈이 말한 '검은 대나무 숲'이 어디겠어?"
　사립탐정 K의 물음에 박 형사님이 대답했습니다.
"오죽헌(烏竹軒)이겠군요."

"그렇지. 그리고 여행을 끝낸다는 건 놈이 거기에서 일을 저지르겠다는 뜻이야. 지금 당장 특수기동대를 오죽헌으로 보내도록 해!"

장 형사님은 차가 있는 곳으로 달려가면서 급히 휴대폰으로 전화를 걸었습니다.

"지금 당장 특수기동대를 강릉 오죽헌으로 급파해!"

K 일행도 강릉으로 출발했습니다. 시각은 오후 1시경이었습니다. 그 시각에 헐랭이 삼촌과 정이, 나는 택시를 타고 강릉으로 향하는 중이었습니다.

멀지 않은 곳에서 휴게소가 나올 거라는 안내표지판을 본 삼촌이 말했습니다.

"휴게소에서 요기라도 하고 가죠."

택시 기사 아저씨가 룸미러로 삼촌을 보며 고개를 끄덕였습니다.

드문드문 차가 서 있는 주차장에 택시가 멈추었습니다. 정이와 내가 화장실에 다녀온 뒤 우리는 식당으로 갔습니다.

헐랭이 삼촌은 국밥을 깨끗하게 비운 뒤에 옆자리의 사람이 놓고 간 신문을 집어 들어 테이블 위에 펼쳤습니다.

"우리나라 사람들이 외국에서 좋은 일을 많이 하는구나."

신문에는 우리나라 사람들이 에티오피아와 파키스탄에서 구호 활동을 벌이고 있다는 기사가 사진과 함께 실려 있었습니다.

"국경을 초월하여 사랑을 베푸는 걸 보니 세상이 참으로 아름답구나."

나는 정이의 밥숟가락에 김치를 얹어 주고 난 뒤에 말했습니다.

"하지만 전쟁에 시달리는 사람들도 있어요."

"전쟁이라……. 그래, 옛날이나 지금이나 인간의 어리석음은 끝이 없지. 기는 국한되더라도 이는 통하는 법이건만 하늘의 이치를 땅이 받아들이지 않은 모양이다."

나는 헐렁이 삼촌이 한 말을 알아듣지 못해서 눈만 끔벅였습니다. 삼촌은 그런 나를 보더니 의자를 끌어당기고 이야기를 시작했습니다.

"율곡이 한 말이란다."

또 다시 이율곡이 등장했습니다. 신사임당의 묘소 앞에서 눈물을 흘리던 삼촌의 모습이 떠오르자 슬그머니 걱정이 되었습니다. 정말 삼촌은 신사임당을 자신의 어머니라고 생각하는 걸까요? 하지만 삼촌은 나의 걱정에는 아랑곳없이 이야기를 계속했습니다.

"율곡은 〈'리'는 통하고, '기'는 국한 된다.〉라는 말을 했어. 이것을 '이통 기국(理通氣局)'이라고 한단다. 무슨 뜻인가 하면, '기'는 각각의 기질에 따라 모양과 성질이 달라지지만, '리'는 만고의 진리로서 시간과 공간을 초월하여 보편적으로 통한다는 말이야."

이럴 때 보면 헐랭이 삼촌은 지극히 정상입니다. 어떨 때는 똑똑하게 보이기까지 해요. 하지만 이것이 삼촌의 전부가 아닙니다. 삼촌에게는 내가 모르는 부분이 너무 많아요.

"어렵지? 내가 예를 들어 볼게. 같은 부모 밑에서 태어난 자식이라고 하더라도 제각각 성격이나 생김새가 달라. 그리고 때로는 다투기도 하지. 그 이유는 한 사람 한 사람이 지닌 기질이 다르고 '기'가 다르기 때문이야. 〈'기'는 국한 된다〉는 말의 뜻은 '기'가 어떤 것의 모양이나 성질을 결정한다는 것이야. 결국 '기국(氣局)'이라는 말은 각 개개인이 품고 있는 생각이나 개성의 차이를 나타내는 말이라고 할 수 있어."

나는 '기국'이라는 단어를 곰곰이 되새겨 보았습니다.

이 세상 사람은 단 한 사람도 같지 않습니다. 쌍둥이라고 할지라도 닮기는 했지만 엄연히 다른 사람입니다. 산에서 자라는 나무

한 그루, 풀 한 포기도 다 다르죠. 헐랭이 삼촌이 말한 '기국'이라는 말이 이 세상에 존재하는 모든 사물의 차이를 나타내는 것이라는 걸 알 수 있었습니다.

"같은 부모에게서 태어난 자식들이 제각각 개성을 가지고 있지만, 가족들끼리 서로 사랑하고 화합하고자 하는 마음은 누구나 똑같지. 이것을 〈'리'는 통한다〉라고 한단다. '이통(理通)'은 각각의 개체가 다른 개성을 가지고 있지만 보편적이고 근본적인 원리와 이치를 함께 나누고 있다는 뜻이란다."

정이와 나는 나이도 다르고 몸집도 다르고 성격도 다릅니다. 하지만 엄마 아빠를 그리워하고 사랑하는 마음은 똑같습니다. 자연도 마찬가지입니다. 개나리는 한 송이 한 송이가 모두 다르지만, 계절의 변화에 따라 피었다가 지니까요. '이통'이, 보편적인 진리는 때와 장소에 구애를 받지 않고 어디에서나 통한다는 사실을 뜻한다는 것을 어렵지 않게 이해할 수 있었습니다.

"율곡은 제각각 다른 '기국'이 '이통'을 통해서 화합할 수 있다는 믿음을 가지고 있었단다. 한 가정에서 각각의 개인은 '기국'으로서 성격이 다른 개체이지만, '이통'을 통해서 사랑을 이룰 수가 있지. 그리고 각 가정은 사회 속에서 각각 '기국'을 형성하지만

'이통'의 원리 속에서 사회의 조화와 질서를 이룰 수 있는 거야. 사회 속에 있는 각각의 이익단체들은 하나의 '기국'이지만 '이통'을 통해서 공동체를 형성할 수 있는 거지. 나라도 마찬가지란다. 각 나라는 세계의 틀에서 보면 하나의 '기국'이지만, 평화와 행복을 원하는 '이통' 속에서 화합할 수 있어. 이 세상에 전쟁이 끊이지 않지만, 언젠가는 '이통'의 진리 속에서 세상 사람들이 다 함께 평화를 누릴 수 있는 날이 반드시 올 거야."

이율곡이나 삼촌의 말처럼 되면 얼마나 좋을까요. 그러면 고통 받는 사람도 없어질 거고, 세상에는 행복만이 가득할 테니까요.

나는 이율곡에 대해서 다시 생각하게 되었습니다. 지금까지 나는 오천 원짜리 지폐에 나오는 이율곡을 탁자 앞에 양반다리를 하고 앉아 한자가 가득한 책만 들여다보는 고리타분한 선비로만 생각했거든요. 하지만 삼촌의 이야기를 들으며 이상적인 국가와 사회를 꿈꾸었던 혁명가 이율곡을 가슴에 새길 수 있었습니다.

정이가 밥을 다 먹고 나자, 택시 기사 아저씨가 다가왔습니다.

"이제 출발하시죠."

삼촌이 자리에서 일어섰습니다. 나와 정이도 삼촌의 뒤를 따랐습니다.

그때였습니다. 정이가 내 소매를 당기며 말했습니다.

"언니랑 정이다."

정이의 손가락은 TV를 가리키고 있었습니다. 나는 깜짝 놀랐습니다. TV 속에 정이와 나의 사진이 나와 있는 거예요! 나는 돌처럼 굳은 채 TV를 뚫어져라 쳐다보았습니다.

　　용의자는 현재 두 아이를 인질로 잡고 있으며, 오늘 아침 국회의사당을 출발하여 현재 강릉의 모처로 향하고 있는 것으로 파악되고 있습니다. 경찰은 특수기동대를 파견하여 인질범 검거에 나섰으며…….

더 이상 아무 소리도 들리지 않았습니다. 머릿속이 하얗게 지워지고 눈앞도 흐려졌습니다. 나는 머리를 세차게 흔들고, 정신을 가다듬으려 애썼습니다.

　　……이상으로 속보를 마치겠습니다.

'나랑 정이가 인질이라고?'

무언가가 잘못되어도 크게 잘못되었습니다. 헐랭이 삼촌이 인질

범이라뇨?

나는 얼른 주위를 돌아보았습니다. 몇몇 사람들이 TV에 시선을 두고 있을 뿐 대부분의 사람들은 밥을 먹는 데 열중하고 있었습니다. 나는 정이를 데리고 바삐 식당에서 나왔습니다. 혹시라도 우리를 알아보는 사람이 있지 않을까 하는 생각에 고개를 제대로 들 수가 없었습니다.

나는 정이를 세우고 말했습니다.

"조금 전에 우리가 TV에 나온 거 삼촌한텐 비밀이다."

"왜?"

"이유는 나중에 말해 줄게. 꼭 비밀 지켜야 해."

내가 손가락을 내밀자 정이도 손가락을 걸었습니다. 손도장까지 꾹꾹 찍고 난 뒤에 다시 한 번 다짐을 받았습니다.

"꼭 비밀 지켜야 해."

정이가 힘차게 고개를 끄덕였습니다.

택시가 출발하고 얼마 지나지 않아서 택시 기사 아저씨가 라디오를 켰습니다. 나는 혹시 우리 얘기가 라디오에서 나오지 않을까 싶어서 마음이 조마조마했습니다.

"텔레비전에 내가 나왔으면 정말 좋겠네에, 정말 좋겠네."

정이가 노래를 부르기 시작했습니다. 그렇게 약속을 했으면서도 입이 근질거려서 참을 수가 없는 모양입니다.

나는 삼촌 몰래 삼촌의 얼굴을 훔쳐보았습니다. 삼촌은 노래를 부르고 있는 정이를 흐뭇한 표정으로 지켜보고 있었습니다.

분명히 무언가가 잘못된 겁니다. 헐랭이 삼촌이 나쁜 일을 할 리가 없습니다. 헐랭이 삼촌은 진짜 우리 삼촌이 맞습니다. 누군가가 크게 오해를 한 게 분명합니다.

'강릉 55km'

도로 표지판이 빠른 속도로 지나갔습니다. 강릉이 점점 가까워지고 있었습니다.

② 장난감 피아노

사이렌을 울리며 무서운 속도로 차가 달렸습니다. 하지만 사립 탐정 K는 성에 차지 않는 듯 소리쳤습니다.

"더 밟아!"

상체를 곧추세우고 앞을 주시하고 있던 박 형사님이 떨리는 목소리로 대답했습니다.

"지금 140킬로미터로 달리고 있습니다. 속도를 더 올렸다가는 위험합니다!"

"이런 제기랄……."

박 형사님 옆에 앉아 있는 장 형사님은 휴대폰에다 대고 소리를 질렀습니다.

"우리가 도착할 때까지 절대로 나서면 안 돼! 여차하면 폭탄이 터진다! 아이들이 위험에 빠질 수 있으니까, 조심해야 돼! 놈이 눈치 못 채도록 조심, 또 조심!"

장 형사님이 전화를 끊고 나서 한숨을 내쉬었습니다. 사립탐정 K가 장 형사님에게 물었습니다.

"저쪽 상황은 어때?"

"강원도경에서 나온 형사들이 오죽헌 근처에 잠복 중이고, 오죽헌 안에도 관람객으로 가장한 형사들이 대기 중이야. 특수기동대 저격수들은 이미 요소요소에 몸을 숨기고 있어. 아직 놈은 나타나지 않았어."

"곧 나타날 거야. 절대 경거망동 않도록 주의를 줘."

"벌써 여러 번 일러두었으니까, 걱정하지 마."

"그런데 지금 몇 시야?"

K의 조수가 대답했습니다.

"2시 20분입니다."

"이제 곧 놈이 오죽헌에 나타날 거야. 도착하려면 얼마나 남았지?"

"방금 55킬로미터 남았다는 표지판을 지나쳤으니까, 늦어도 30분 안에는 도착할 겁니다."

"30분이면 너무 늦다. 더 빨리! 속도를 올려!"

박 형사님은 액셀러레이터를 힘껏 밟았습니다. 엔진이 금방이라도 폭발할 것 같은 굉음을 일으켰습니다.

강릉 시내에 들어선 뒤 오래지 않아 택시가 오죽헌 앞에 멈추었습니다. 헐렝이 삼촌이 요금을 계산한 뒤에 돌아서서는 오죽헌으로 가는 길을 바라보았습니다. 삼촌의 표정은 자운서원의 신사임당 묘소를 찾아갈 때와 비슷했습니다.

정이가 삼촌의 손을 잡았습니다. 삼촌은 정이의 걸음걸이에 맞추어서 천천히 걸음을 옮겼습니다.

내 마음은 불안과 걱정으로 가득했습니다. 삼촌이 인질범일 리는 절대 없습니다. 하지만 경찰들은 그렇게 알고 있을 겁니다. 어쩌면 이미 경찰들이 이 주변에 진을 치고서 삼촌이 나타나기를 기다리고 있는지도 모릅니다.

걱정은 또 있었습니다. 오죽헌은 이율곡이 태어난 곳입니다. 어머님 산소를 찾아간다면서 신사임당 묘소를 찾았던 삼촌이기에 이곳 오죽헌에서 또 무슨 짓을 할지 알 수 없는 노릇입니다. 정말 삼촌은 자신이 이율곡이라고 착각하고 있는 걸까요?

"헐랭이 삼촌, 여기엔 왜 왔어요?"

"여기는 내가 태어난 곳이야. 그래서 언젠가 꼭 다시 한 번 와 보고 싶었거든. 그리고 조금 있으면 몽이랑 정이 할아버지가 이곳으로 데리러 올 거야."

삼촌은 자신이 이율곡이라고 착각하고 있는 게 거의 확실합니다. 아무래도 성리학 공부를 너무 많이 해서 정신이 이상해진 모양이에요. 나는 삼촌을 도울 수 있는 방법이 없는지 곰곰이 생각해 보았습니다. 할아버지가 부자라고 했으니까, 도움을 줄 수 있을지도 모른다는 생각이 들었습니다.

"헐랭이 삼촌, 할아버지는 어떤 분이에요?"

"참 좋은 분이야. 오래전부터 몽이랑 정이를 무척 보고 싶어 하셨어."

"하지만 할아버지가 엄마를 싫어하셨대요."

"그래, 그랬지. 하지만 지금은 할아버지도 크게 뉘우치고 계셔."

"할아버지를 좋아할 수 있을지 모르겠어요."

"한때 쓸데없는 고집을 부려 불행한 일을 만들기는 했지만, 할아버지는 좋은 분이셔. 원래 사람은 어리석은 존재란다. 때문에 사람은 학문에 매진해야 하는 거야. 전에도 이야기했듯이 학문의 참뜻은 지식을 익히는 것이 아니야. 지혜와 덕을 갖추고 아는 것을 실행하는 몸가짐과 마음가짐을 갖는 것이 학문의 참된 목적이야. 지난날의 어리석은 실수가 할아버지에게는 좋은 공부가 되었을 게다."

헐렁이 삼촌은 오죽헌의 이곳저곳을 천천히 돌아다녔습니다. 정이는 한시도 떨어지지 않겠다는 듯 삼촌의 손을 꼭 잡고 있었습니다.

"용의자가 나타났습니다. 방금 오죽헌 안으로 들어갔습니다. 놈이 타고 온 택시의 기사는 아무 상관이 없는 것 같습니다."

휴대폰을 통해서 흘러나오는 음성을 들으며 장 형사님은 고개를 끄덕였습니다. 그리고는 뒤에 앉아 있는 사립탐정 K를 향해 말했습니다.

"용의자가 떴어. 지금 오죽헌 안에 있다는군."

K는 안절부절못하며 박 형사님을 다그쳤습니다.

"속력을 더 낼 수 없어?"

"지금 최고 속력입니다. 속력을 더 올렸다가는 놈을 잡기도 전에 우리가 먼저 황천길로 갈 수 있습니다."

K가 혀로 입술을 축이고 난 뒤에 말했습니다.

"입 안이 바짝바짝 마르는군. 일이 잘 풀리기를 기도나 해야 하다니."

같은 시각, 오죽헌 주변은 철통같은 경계망이 펼쳐졌습니다. 관람객의 출입이 통제되었을 뿐만 아니라 이미 오죽헌 안에 있던 관람객들도 경찰들의 유도로 조심스럽게 밖으로 빠져나왔습니다. 이 모든 일은 지극히 은밀하게 진행되었기 때문에 헐랭이 삼촌과 정이, 나는 전혀 눈치를 채지 못했습니다.

헐랭이 삼촌과 우리는 오죽헌의 뒤뜰에 있는 작은 대나무 숲으로 갔습니다. 대나무의 잎은 푸르지만 줄기는 모두 검은 빛을 띠고 있었습니다.

주위를 둘러본 나는 이상한 생각이 들었습니다. 너무 조용했습니다. 오죽헌을 관람하는 사람들이 많지는 않았지만, 사람들의 말소리가 끊긴 적은 없었습니다. 그런데 갑자기 모두들 입을 다물기로 약속이나 한 것처럼 침묵을 지키고 있었습니다. 대나무 숲 주변에 아저씨들 몇 명이(사실 이 아저씨들은 모두 형사였습니다) 모여 있었지만, 가끔씩 우리를 훔쳐보기만 할 뿐이었습니다. 정이도 이상한지 주위를 둘러보며 고개를 갸웃거렸습니다. 하지만 헐랭이 삼촌은 아무런 낌새도 알아차리지 못한 듯했습니다. 내 가슴속의 걱정과 불안은 점점 커져 갔습니다.

헐랭이 삼촌이 대나무 숲을 등진 채 바닥에 주저앉았습니다. 삼촌은 정이를 무릎 위에 앉혔습니다.

"자, 이제 율곡의 마지막 수업을 시작해 볼까?"

마음속의 불안이 너무 컸던 까닭일까요? 차라리 삼촌에게서 이율곡에 대한 이야기를 듣는 편이 낫겠다는 생각이 들었습니다. 성리학에 대해서 이야기할 때만이 삼촌은 정상으로 돌아오니까요. 그런데 왜 '마지막 수업'이죠?

"율곡은 언젠가 성인(聖人)이 나타나서 이 세상의 질서를 바로잡을 것이라고 믿었단다. 율곡이 살아 있던 당시에는 정치세력 간의 다툼이 일기 시작했고, 그 때문에 고통 받는 백성들이 많았어. 나는 성인이 이 나라를 이끌어서 우리나라가 이상적인 국가가 되기를 바랐지."

삼촌이 또 '나는'이라고 말했습니다. 주책을 부리거나 세상 물정에 어두워도 상관이 없습니다. 헐랭이 삼촌이 스스로를 이율곡이라고 착각하지만 않는다면 아무래도 좋습니다.

헐랭이 삼촌은 성리학에 관해서 이야기를 할 때면 항상 기분 좋은 표정을 지었습니다. 하지만 '마지막 수업'을 하는 동안에는 그다지 기분이 좋아 보이지 않았어요. 나는 삼촌의 기분이 좋아지게 하려고 맞장구를 쳐 주었습니다.

"성인이라면…… 예수님이나 부처님 같은 사람을 말하는 건가요?"

"비슷하구나. 율곡처럼 유교를 공부한 사람들이 말하는 성인은 하늘의 이치를 깨닫고 지혜와 덕이 깊은 경지에 이른 사람을 일컫는 거란다. 성리학이 추구하는 궁극적인 길은 모두 '내성외왕(內聖外王)'을 이룩한 성인이 되기 위한 것이라 할 수 있어."

"내성외왕이라고요?"

"내성에서의 내(內, 안)는 인간의 정신이나 마음을 가리키는 것이고, 외왕에서의 외(外, 밖)는 사회나 국가를 말하는 것이란다. 따라서 내성외왕이란 정신적으로는 성인이면서 국가적으로는 왕 노릇을 제대로 하는 것을 말하지. 다시 말해 만인이 우러러볼 만큼 정신적인 깊이를 가진 동시에 사회와 국가를 훌륭하게 이끌 수 있는 사람을 일컫는 말이야. 이 말에는 인격적으로 완벽한 사람이 왕으로서의 직분을 다하면 이상적인 사회와 국가를 건설할 수 있다는 유학자들의 믿음과 바람이 담겨 있어."

"정말 그런 사람이 나라를 이끈다면, 살기 좋은 나라를 만들 수 있을 것 같아요."

"그렇지? 하지만 요순(堯舜) 임금 이외에 성인으로 추앙받은 왕은 아직 없었단다. 그러나 언젠가 유학자들의 믿음과 바람이 실현될 날이 올 거야. 성인이 나타나면 세상의 질서와 이치가 제자리를 찾고, 모든 사람들이 성인의 덕에 힘입어 인간이 본래 가지고 있는 밝은 성품을 회복하여 '대동사회(大同社會)'가 이룩될 것이다. 그런 믿음을 버려서는 안 돼."

'대동사회'라는 말이 무슨 뜻인지는 정확히 모르지만, 굉장히 평화롭고 아름다운 세상을 가리키는 말일 거라고 생각했습니다. 정말 헐랭이 삼촌의 말대로 성인이 나타나고 대동사회가 실현된다면 얼마나 좋을까요? 배고픈 사람도 없고, 범죄도 일어나지 않고, 자연과 더불어 모두가 한 가족처럼 지내는 세상…… 생각만해도 근사하지 않아요?

"자, 이제 내가 몽이와 정이에게 들려줄 이야기는 끝났어. 이다

음에 다시 공부할 기회가 있다면 삼촌이 들려준 이야기를 되새겨 보렴."

말을 마친 뒤 삼촌은 배낭을 열었습니다. 삼촌과 여행을 하는 동안 배낭에 무엇이 들어 있을지 늘 궁금했습니다. 이제 그 궁금증이 풀리는 순간이었습니다.

삼촌은 가방에서 큼지막한 상자를 꺼냈습니다. 그리고 뚜껑을 열었습니다. 상자 안에는, 상자 안에는……

급브레이크를 밟으며 차가 멈추었습니다. 사립탐정 K 일행은 차가 완전히 멈추기도 전에 차에서 튀어나와 오죽헌 안으로 달려갔습니다.

"상황이 어떤가?"

장 형사님이 빠른 속도로 달려가면서 휴대폰에 대고 소리쳤습니다. 전화기를 타고 급박한 음성이 흘러나왔습니다.

"아, 큰일 났습니다! 지금 용의자가 배낭에서 폭탄을 꺼내려고 합니다! 위급한 상황입니다!"

"저격수들은 일제히 용의자를 조준하고, 주변에 있는 형사들은 덮칠 준비 해!"

"상자가 나왔습니다. 지금 뚜껑을 열고 있습니다. 아이들에게 그걸 줍니다. 상자 안에 폭탄이…… 폭탄이……."

전화기의 음성이 갑자기 멈추었습니다.

"왜 그래? 왜 그래?"

짧은 침묵이 흐른 뒤에 전화기에서 다시 음성이 흘러나왔습니다.

"……폭탄이 아닙니다. 폭탄이 아니라…… 피아노! 장난감 피아노입니다. 상자 안에 장난감 피아노가 있었습니다……."

"뭐, 피아노?"

장 형사님이 걸음을 멈추었습니다. 사립탐정 K를 비롯한 나머지 일행들도 모두 걸음을 멈추었습니다. K가 장 형사님에게 물었습니다.

"왜 그래? 무슨 일이야?"

장 형사님은 어이없다는 표정을 지을 뿐이었습니다.

헐랭이 삼촌의 배낭에서 나온 것은 장난감 피아노였습니다. 나는 그것을 본 순간, 눈물이 핑 돌았습니다.

"몽이에게 주는 선물이란다. 누가 선물한 건지는 알고 있지?"

내 생일날 세상을 떠난 아빠가 내게 주기로 약속했던 바로 그 장난감 피아노였습니다. 어릴 적에 내가 갖고 싶어 했던 것과 똑같은 모양, 똑같은 색깔의 장난감 피아노가 눈앞에 있었습니다.

"아빠가 몽이한테 이걸 얼마나 주고 싶어 했는지 모를 거야. 아빠는 몽이한테 올 형편이 못 돼서 삼촌이 대신 가지고 온 거야."

헐랭이 삼촌이 자리에서 일어섰습니다. 나는 삼촌의 얼굴을 올려다보았습니다. 하지만 눈물이 앞을 가려서 삼촌의 얼굴을 자세하게 볼 수가 없었습니다. 하지만 삼촌이 부드럽게 미소 짓고 있다는 것만은 확실히 알 수 있었습니다.

영문을 모르는 정이가 나와 헐랭이 삼촌을 번갈아 보다가 바닥에 놓여 있는 장난감 피아노의 건반을 두드렸습니다. 아빠가 떠난 이후, 가끔씩 내 귓가를 감미롭게 적시던 바로 그 피아노 소리가 울렸습니다. 장난감 피아노의 몸집은 조그마했지만, 맑고 청아한 소리가 공기를 가르며 아주 먼 곳까지 퍼져 나가는 것 같았습니다.

"삼촌이 몽이랑 정이한테 거짓말을 했어. 사실 삼촌은 할아버지가 보낸 게 아니야. 하지만 할아버지도 곧 이리로 오실 거야. 몽이는 엄마처럼 정이를 잘 보살펴 주고, 정이는 엄마한테 했듯이 언니를 잘 따라야 한다."

오죽헌의 구석구석에 숨어 있던 경찰 아저씨들이 하나둘 모습을 드러냈습니다. 사립탐정 K와 장 형사님 일행도 뒤뜰의 대나무 숲에 이르렀습니다. 하지만 모두들 무엇에라도 홀린 것처럼 제자리에서 꼼짝도 하지 않았습니다.

헐랭이 삼촌이 대나무 숲을 향해 걸어갔습니다. 정이가 건반 두드리는 것을 멈추고는 자리에서 벌떡 일어섰습니다.

"헐랭이 땀톤!"

하지만 헐랭이 삼촌은 천천히 대나무 숲으로 걸어 들어갔습니다. 눈물 때문인지 대나무 숲 속으로 걸어 들어간 삼촌의 모습이 점점 희미해졌습니다. 삼촌이 손을 흔들었습니다. 푸른 댓잎 사이로 희미한 잔영만을 남긴 채 헐랭이 삼촌은 그렇게 사라졌습니다.

"헐랭이 땀톤!"

정이가 대나무 숲으로 뛰어갔습니다. 하지만 이미 거기엔 아무도 없었습니다.

헐랭이 삼촌, 삼촌은 누구세요?

이통 기국

'기는 국한되고 리는 통한다' 는 뜻입니다. 무슨 말인지 잘 모르겠죠?

'기는 국한된다' 에서 '국한된다' 는 말은 '제한된다' 는 말과 비슷한 뜻을 지닙니다. 앞서서 우리는 '기' 가 각자가 지닌 기질에 따라 다르게 나타난다고 배웠습니다.

어떤 부모에게서 네 명의 자식이 태어났습니다. 같은 부모에게서 태어난 자식이라고 할지라도 이 네 명의 자식은 생김새도 모두 다르고, 성격도 다를 것입니다. '기국('기' 는 국한된다)' 이라는 말은 이처럼 각자가 지닌 개성을 나타내는 말입니다.

'리는 통한다' 는 말은 보편적인 진리인 '리' 가 시간과 공간의 제한을 받지 않고 어디서나 통한다는 말입니다. 한번 생각해 보세요. '부모가 자식을 사랑한다' 는 진리는 동양과 서양, 옛날과 지금을 통틀어 언제 어디서나 통하잖아요?

자, 이제 '이통 기국' 이라는 말을 정리해 봅시다. 앞에서 예를 든 것처럼 같은 부모에게서 태어난 자식이라고 할지라도 각자의 개성을 가지고 있습니다. 이게 '기국' 이죠. 하지만 가족을 사랑한다는 '리' 는 각자가 지닌 개성을 뛰어넘어 모두가 함께 나누어 가지고 있는 마음입니다. 결국 '이통 기국' 이라는 말은 각각의 개성과 차이를 가진 '기국' 이라 할지라도 '이통' 을 통해서 하나로 화합할 수 있다는 뜻을 담고 있는 것입니다.

　가족 개개인은 한 사람 한 사람이 '기국'으로서 다른 존재이지만, '이통'을 통해서 사랑의 보금자리를 만들고 있습니다. 각각의 가정은 '기국'으로서 작은 집단을 이루고 있지만, 이 사회를 평화롭게 이루고자 하는 '이통'을 통해서 이 사회의 질서와 조화를 유지하는 것이죠. 결국 이렇게 조금씩 확대해 나가다 보면 이 세계 전체가 '이통'을 통해서 평화와 화합을 이룰 수 있는 것입니다. 이것이 율곡의 '이통 기국' 사상입니다.

　※이(理, 이치), 통(通, 통하다 | 꿰뚫다), 기(氣, 기운 | 공기), 국(局, 판국 | 일이 벌어지는 형편이나 장면)

성인과 내성외왕

　유학자들이 말한 성인은 하늘의 이치를 깨닫고 지혜와 덕을 최고의 경지까지 쌓아올린 완벽한 인격체를 이르는 말입니다. 유학과 성리학을 공부한 선비들은 모두 성인이 되는 것을 궁극적인 목적으로 삼았습니다.

　유학에서는 누구나 성인이 될 수 있다고 하지만, 율곡은 인간의 기질을 변화시켜서 그것이 가능하다고 봅니다. '기'의 본래 모습이 '리'와 다름없이 깨끗하고 맑은 것이기 때문입니다. 인간이 수양을 통하여 기질을 변화시켜 '리'가 막힘없이 잘 발휘되게 만들면 성인이 되는 것이지요.

　그렇다면 성인은 이 세상에서 어떤 역할을 할까요?

　성인은 그 혼자만 깨달음을 얻은 존재가 아닙니다. 성인은 자신이 얻은 깨달음을 다른 사람에게도 나누어주기 때문에 한 사람의 성인이 태어나면 이 세상 전체가 조화와 균형을 이룰 수 있다고 유학자들은 믿었습니다.

여기서 '내성외왕'이라는 말이 비롯됩니다. 내(內 – 안, 마음, 정신)적으로 완벽한 인격을 완성한 성인이 외(外 – 밖, 사회, 국가)적으로 사회와 국가를 다스리는 지도자가 되어야 한다는 말입니다. 내성외왕에 따르면, 오로지 성인만이 왕 노릇을 할 수 있다는 논리가 성립됩니다. 율곡 이이가 선조에게 《성학집요》를 선사한 것도 선조가 내성외왕을 이루고 이상적인 국가를 이룩할 수 있는 성인이 되기를 바랐기 때문이었습니다. 내성외왕의 정치사상에서 고대 그리스의 철학자 플라톤이 주장한 철인정치와 유사한 점을 발견할 수 있습니다.

에필로그
― 우리 모두의 바람

헐랭이 삼촌이 오죽헌의 검은 대나무 숲으로 사라진 지도 벌써 3년이 지났습니다. 사립탐정 K는 물론이고, 이 세상의 어느 누구도 다시는 헐랭이 삼촌을 보지 못했습니다. 헐랭이 삼촌이 숲으로 걸어 들어간 뒤 경찰들은 오죽헌 일대를 이 잡듯이 샅샅이 수색했지만, 헐랭이 삼촌의 흔적조차 발견하지 못했습니다. 모두들 귀신에 홀린 것 같다며 고개를 절레절레 흔들었습니다.

하지만 나는 헐랭이 삼촌이 누군지 압니다. 정이가 조금 더 자라면 헐랭이 삼촌이 누구인지 정이에게도 알려 줄 겁니다. 그리고 그건 우리 둘만의 비밀로 간직할 겁니다. 어차피 누군가에게 이야기한다 해고 아무도 믿지 않을 거예요.

나는 중학교 2학년이 되었습니다. 정이도 초등학교에 입학했습니다. 강릉 할아버지 댁으로 온 뒤에 한동안 외로움에 시달리기도 했지만, 이제는 친구도 많이 사귀었습니다.

할아버지, 할머니는 참 좋은 분들입니다. 가끔씩 할아버지, 할머니는 아빠와 엄마를 생각하며 눈물을 흘리시고는 합니다. 그럴 때면 나와 정이가 위로를 해 드립니다.

그해 여름, 닷새 동안 정이와 내가 겪었던 놀라운 일은 평생 동안 잊히지 않을 겁니다.

나는 가끔 헐랭이 삼촌이 들려준 이야기를 떠올립니다. 시간이 지나면서 삼촌의 음성도 조금씩 희미해지고 있지만, 아름답고 평화로운 세상을 꿈꾸었던 헐랭이 삼촌과 성리학자들의 마음은 더욱 또렷하게 다가옵니다. 그리고 언젠가 그들의 바람이 이루어지리라 믿습니다. 그것은 지금 현대를 살아가는 우리 모두의 바람이기도 하니까요. 분명 이 세상 사람 모두가 형제처럼 지내는 날이 올 거예요.

정이가 학원에서 돌아온 모양입니다. 어떻게 아냐고요? 피아노 건반 두드리는 소리가 들리거든요. 정이는 밖에서 돌아오면 제일 먼저 아빠의 선물인 장난감 피아노를 찾습니다.

맑고 고운 피아노 소리가 온 집 안을 가득 채웁니다. 하늘나라에 계신 아빠와 엄마, 헐랭이 삼촌의 음성이 어디선가 들려오는 듯합니다.

추천의 글
— 개혁과 청빈을 실천한 우리 민족의 어른

김교빈(호서대학교 어문학부 철학전공 교수)

율곡(栗谷) 이이(李珥, 1536~1584)는 퇴계 이황과 쌍벽을 이룬 조선시대 선비입니다. 그의 제자들을 중심으로 기호학파가 만들어졌고, 5천 원짜리 지폐에 얼굴이 그려져 있으며, 그의 호를 딴 율곡로가 있을 정도로 대표적인 학자입니다.

이이는 법을 담당하는 사헌부에서 감찰 벼슬을 지내던 아버지 이원수와 한국 어머니의 상징인 신사임당 사이에서 태어났습니다. 강릉 오죽헌이 이이가 태어난 곳입니다. 동해에 사는 용이 아기를 안고 집으로 들어와 품에 안겨 준 꿈을 꾸고 이이를 가졌기 때문에, 어릴 때 이름은 '세상에 모습을 드러낸 용'이라는 뜻으로 현룡(見龍)이라고 불렸습니다. 이 책에 나오는 '헐랭이 삼촌'의 정식 이름입니다.

그는 훗날 처가인 경기도 파주 밤골 마을에서 여러 해 살았습니다. 지금도 파주 인근에는 화석정을 비롯한 이이와 관련된 문화 유적이 많이 남아 있고, 율곡이라는 호도 그 밤골에서 따온 것입니다.

이이는 16세 되던 해 어머니가 돌아가시자 삼년상을 마친 뒤 금강산에

들어가 불교를 공부하기도 했습니다. 하지만 20세 때 《논어》를 읽다가 문득 깨달은 것이 있어 고향으로 돌아온 뒤 오죽헌에 머물면서 성인이 되겠다는 목표로 열심히 공부를 했습니다.

이이에게는 뚜렷한 스승이 없었지만 13살에 처음 과거에 응시하여 진사가 된 뒤부터 대과에 붙어 벼슬에 나아가기까지, 남들은 한 번 붙기도 어려운 과거시험을 아홉 번이나 그것도 수석으로만 합격했습니다. 그가 쓴 과거시험 답안지는 중국에까지 알려졌을 정도로 대단했습니다.

그는 29세 때 벼슬에 나선 이후 생애의 대부분을 치열한 개혁정신으로 살았습니다. 중앙 정부의 많은 요직을 맡았을 뿐 아니라 지방관을 지낼 때에도 〈서원향약〉과 〈해주향약〉을 만들어 시행했습니다. 그 주된 내용은 훌륭한 일을 서로 권하고, 잘못을 서로 고쳐주며, 예의를 지켜 사귀고, 어려울 때 서로 돕는다는 내용입니다. 하지만 오랜 동안 높은 벼슬을 지냈으면서도 죽었을 때 장례 지낼 비용조차 없을 정도로 청빈하였습니다.

이이는 우계 성혼과 사단칠정 논쟁, 욕심 섞인 마음과 순수한 마음에 대한 논쟁 등을 벌였습니다. 이 논쟁을 '인심(人心)도심(道心)논쟁'이라고 부릅니다. 또한 그 논쟁 가운데 정신적인 것이든 물질적인 것이든 모든 변화는 기가 움직여 드러나면 '리'가 그 속에 담기게 될 뿐이라는 입장을 '기발이승일도氣發理乘一途'라는 말로 표현하였습니다. 이러한 생각은 퇴계 이황의 생각과 많은 차이를 보이는 것입니다.

그는 특히 사회 개혁을 위해 혼신의 힘을 쏟았습니다. 어떤 사회든 처음 생겨나서 점점 발전하다가 절정에 이르면 쇠퇴하기 시작하여 마침내 망하는 것이 당연한 이치이지만, 인간의 노력으로 쇠퇴기에 접어든 사회를 다시 새롭게 만들 수 있다고 이이는 믿었습니다. 이것이 바로 이이가 주장한 경장론(更張論)입니다.

이이의 학문은 뒷날 여러 갈래로 영향을 미쳤습니다. 그 가운데 하나가 실학사상입니다. 실학자들이 현실을 중시하면서 제도 개혁을 통해 좀 더 나은 현실을 만들어 보려고 노력한 본보기가 이이의 사상이었습니다. 그리고 또 다른 흐름은 의병을 통한 사회적 실천입니다. 이 점은 조선 말 의

병운동으로 나타납니다. 특히 의병대장들을 많이 배출한 학파가 화서학파입니다. 화서학파는 화서 이항로에게 배운 제자들로서 의암 유인석, 면암 최익현 등이 모두 그 학파 출신들입니다. 그러므로 이이의 철학사상은 훗날까지 사회적 실천에 앞장섰던 학자들을 통해 이어져 갔던 것입니다.

이이의 사상은 그가 지은 《성학집요》, 《격몽요결》, 《동호문답》 등에 잘 나타나 있습니다. 하지만 이런 책들은 모두 어려운 한문으로 되어 있기 때문에 이해하기가 쉽지 않습니다. 하지만 《이이가 들려주는 이통 기국 이야기》는 초등학생의 눈높이에 맞추어 율곡 이이의 철학을 쉽게 설명하고 있습니다. 철학을 어린이들이 이해할 수 있도록 쉽게 푼다는 것은 정말 쉬운 일이 아닙니다. 그리고 단순히 성리학을 해석하는 것이 아니라 현실과 맞물려 이해할 수 있도록 설명하는 일은 더더구나 어렵습니다. 그런데도 이 책은 그런 어려움을 많이 넘어선 책이라 생각됩니다.

이 책이 그런 문제를 쉽게 넘어설 수 있었던 데에는 이종란 선생님의 풍부한 경험과 공부가 있었기 때문입니다. 이종란 선생님은 서울교육대학을 졸업한 뒤 20년 이상을 초등학교에서 학생들을 가르쳐 왔습니다. 그래서 학생들에게 어떤 말로 어떻게 설명하면 될지를 잘 알고 있습니다. 또한 이종란 선생님은 성균관대학교에서 한국철학을 공부해서 박사학위를 받았고 그 뒤로도 공부를 놓지 않았습니다. 그러면서 몇 차례 청소년이나 어린이를 대상으로 한 철학책을 집필한 경험을 가지고 있습니다. 청소년 대상으로 동양철학 글쓰기를 해 본 저로서도 대상의 나이가 어리면 어릴수록 힘들다는 것을 실감한 적이 있습니다. 그런 점에서 이종란 선생님의 글은 매우 돋보인다고 하겠습니다.

이 책은 정이와 몽이라는 고아 자매와 '헐렝이 삼촌'이 만나서 겪는 현대의 여러 가지 에피소드들을 소설 형식으로 풀어 가면서 그 속에 이이의 철학사상을 녹여 내고 있습니다. 소설의 전개도 재미있을뿐더러 어려운 용어나 개념들은 〈철학돋보기〉를 이용하여 자세히 설명하고 있습니다. 그리고 마지막에는 〈논술 활용노트〉라는 부분에서 현대 생활과 연관 지어 문제를 내고 학생들이 이 책을 읽고 얻은 지식을 바탕으로 문제를 해

결할 수 있도록 배려하였습니다.

이 책을 통해 초등학생들이 이이의 사상을 익히고, 나아가 우리 사상에 대한 자긍심을 가질 수 있기를 바랍니다. 그리고 생각하는 방법과 자신의 생각을 조리 있게 표현할 수 있는 능력을 기를 수 있기를 기대합니다.

통합형 논술
활용노트

01 유학과 유교는 우리의 전통사회를 지탱하고 미풍양속을 발전시킨 정신적 토양이 되었습니다. 하지만 현대사회에 와서 유학과 유교가 갖는 폐단도 적지 않게 나타나고 있습니다. 아래에 든 예문을 통해서 알 수 있는 유학과 유교의 폐단을 활용하여 현대사회에서 유학과 유교가 갖는 문제점에 대해서 논하십시오.

· 우리 아빠는 엄마가 또 딸을 낳자 많이 속상해했습니다.
· 우리 집 형편이 넉넉하지 못한데도 엄마는 잔치에 가기 위해 비싼 옷을 샀습니다.
· 형은 대학을 졸업한 뒤에 집에서 놀면서도 공장에는 절대로 취직하지 않겠다고 합니다.

02 공자가 살던 춘추시대에는 사회가 혼란스러웠기 때문에 전쟁이 끊이지 않았고 기존의 도덕이 무너지는 일이 자주 일어났습니다. 그래서 공자는 사람이 사람답게 살아가면서 지켜야 하는 예절을 가르치고자 했습니다.

이러한 공자의 정신적 바탕 위에 맹자는 인간의 심성이 선한 것이라고 믿었고, 순자는 인간의 마음이 본래 악한 것이라고 생각했습니다. 이처럼 각각 다른 '성선설'과 '성악설'의 입장에서 생각할 때 예절이 가지는 역할은 각각 어떻게 다를까요?

03 유학자들은 학문을 하는 근본적인 목적이 성인이 되는 것이라고
했습니다. 이러한 유학자들의 생각은 문명이 발달한 오늘날에 더
욱 중요하게 부각되고 있습니다. 지식을 쌓는 것 못지않게 올바른
인격을 형성하는 것이 중요한 이유를 아래에 든 보기를 활용하여
논술하십시오.

· 살상무기
· 부도덕한 정치가

04 님비(NIMBY)현상이라는 것이 있습니다. 쓰레기처리장이나 화장
장과 같은 혐오시설을 자기가 사는 주변에 설치하는 것을 기피하
는 현상을 뜻하는 것으로, 지역이기주의를 상징하는 말입니다.
갈수록 만연하고 있는 각 집단의 이익 추구와 이기주의, 극단적 개
인주의 풍조 속에서 율곡 이이의 이통 기국 사상이 필요한 까닭을
논하십시오.

05 율곡 이이를 비롯한 유학자들은 인격적으로 완벽한 사람, 즉 성인이 나라를 다스려야 한다고 생각했습니다. 그리고 성인이 나라를 다스릴 때 모든 것의 균형이 이루어지고 진정한 평화가 찾아오는 대동사회(大同社會)가 실현된다고 믿었습니다. 여러분이 생각하는 대동사회는 어떤 모습을 갖추어야 하는지 현재의 대한민국을 예로 들어 자신의 생각을 적어 주십시오. 단, 아래에 든 보기를 활용해야 합니다.

· 대한민국이 처한 군사적, 외교적 현실
· 복지정책
· 선거 때마다 되풀이되는 지역 마찰

06 조선시대의 성리학자들은 책상 앞에 앉아 책만 읽는 고리타분한 선비들이 아니었습니다. 그들은 이 나라를 더욱 살기 좋은 곳으로 만들기 위해 개혁을 추진했으며, 고통 받는 백성(국민)을 위해 사회제도를 개선해 나갔습니다. 조선시대 유학자들의 모습에 비추어 볼 때 오늘날의 지식인들이 나아가야 할 올바른 길은 어떤 것일까요? 간략하게 자신의 생각을 적어 주십시오.

통합형 논술 활용노트
문제풀이

01 조선시대 이후로 유학은 가장 영향력 있는 학문으로서 우리 전통사상의 뿌리를 이루었다. 뿐만 아니라 우리 선조들의 생활풍습과 전통문화를 이룩하는 데에도 큰 영향을 미쳤다. 유학에서 비롯된 미풍양속은 오늘날까지도 계승되어 우리 민족만의 독특한 문화유산으로 자리 잡았다.

하지만 유학과 유교를 잘못 이해한 폐단도 적지 않다. 그중에서도 남자를 중심으로 가문의 전통을 잇는 풍습이 남아서 남아선호사상을 낳았으며, 이러한 사실은 오늘날 여성차별과 남녀성비 파괴라는 현실적인 문제를 낳았다.

그리고 예를 강조하다 보니 예의 형식을 중요시 여기는 폐단이 생겼고, 이로 인해 체면을 중시하는 풍토가 생겼다. 체면을 중시하면 허례허식이 만연하여 과소비가 조장될 우려가 있다. 이러한 문제점은 경제적 손실을 가져올 뿐만 아니라 합리적이고 이성적인 사고와 행동을 하는 데에도 장애가 된다.

'사농공상'이라는 전통적인 직업관은 선비를 가장 높은 위치에 올려놓았다. 유교에서의 선비는 도덕적·인격적으로 책임을 져야 하는 군자와 같은 역할을 해야 하는데, 그것을 망각하고 그저 편하고 존경받는 신분으로만 인식하게 되었다. 그래서 선비를 귀하게 보고 노동현장에서 일하는 직업을 천하게 여기는 풍토가 생겼는데, 그 또한 반드시 개선되어야 한다. 오늘날 이공계 기피 현상으로 이어진 그릇된 직업관은 참된 노동의 가치를 잃게 만들고 기술력이 축적되는 것을 방해하여 우리나라의 국가 경쟁력을 떨어뜨리게 만든다.

02 공자의 철학사상을 대표하는 말로 '인(仁)'과 '예(禮)'가 있다. 인은 인간이 가지고 있는 사람다운 선한 본성을 나타내는 말이고, 예는 인간의 본성이 사회적인 규범으로 나타난 것을 말한다.

공자의 철학을 계승한 맹자는 인간의 본성이 원래 선하다는 주장을 폈다. 이것을

'성선설'이라고 한다. 인간의 본성이 원래 선한 것이라면, 예절은 본래의 선한 본성을 행동으로 나타나게 만드는 것이라고 볼 수 있다. 형체가 없는 마음에 행동이라는 형태를 부여한 것이 바로 예절인 것이다. 따라서 인간의 선한 마음이 잘 발휘될 수 있도록 예절을 만들어 정하면 될 것이다. 그래서 인간의 양심이나 도덕을 강조하여 나쁜 행동이 마음에서부터 나오지 못하도록 도덕교육이나 인성교육에 노력해야 할 것이다.

반면에 순자는 인간의 본성이 악하다고 주장했다. 이것을 '성악설'이라고 한다. 인간의 본성이 원래 악한 것이라면, 예절은 악한 마음이 행동으로 나타나는 것을 억제하는 역할을 하는 것이다. 따라서 순자의 예는 오늘날의 법과 유사하게 인간의 악하고 나쁜 행동이 나오지 못하도록 강제적으로 막는 역할을 하는 것이다. 그렇게 하려면 나쁜 행동을 하지 못하도록 경계하는 규정이나 방법이 있어야 할 것이다. 사람의 본성이 악하므로 그 악한 것을 어떤 제도를 통하여 막아야 하기 때문이다.

03 사회를 이끄는 지도자가 되기 위해서는 공부를 많이 해야 한다. 하지만 지식을 쌓는 데만 열중하고 올바른 인격을 형성하는 데에 게을리 한다면 자칫 자신이 가진 능력과 권력을 잘못 사용하는 경우가 생긴다. 단적인 예로 먼저 살상무기를 개발하는 과학자를 들 수 있다. 이러한 과학자는 기술을 개발하는 과학적 지식을 쌓는 데는 성공했지만, 인격 형성에 실패함으로써 인류를 전쟁의 위협에 빠뜨리고 만 것이다. 그리고 두 번째로 국민이 부여한 권력을 남용하는 부도덕한 정치인을 들 수 있다. 이 역시 사회적인 위치를 얻는 데는 성공했지만, 정치인으로서 길러야 할 덕망과 봉사정신을 익히지 못했기에 오히려 사회를 혼란에 빠뜨리는 부도덕한 정치인이 되고 만 것이다.

과거 유학자들이 학문을 하는 가장 큰 목적으로 덕을 쌓고 성인이 되어야 한다고 강조했던 것은 능력과 권력을 가진 사람이 그릇된 생각을 가지면 능력과 권력이 없는 사람보다 훨씬 더 큰 피해를 줄 수 있기 때문이다.

그러나 현대사회에서 바르게만 살 수는 없

다. 지식을 쌓는 일도 매우 중요하다. 다만 지식을 쌓는 일에 앞서서 덕을 쌓아야 하는데 그 중요성이 있다고 하겠다.

인가를 생각해야 하며, 나아가 전 세계의 인류가 평화롭게 함께 살 수 있는 길을 찾아야 한다. 이것이 율곡 이이의 이통 기국이 필요한 까닭이다.

04 '이통 기국'에서 '기국'은 각 개인, 각 집단, 각 사회의 개별적인 특성을 나타내는 말이다. 그리고 '이통'은 각각의 개별적인 개인과 집단이 개성과 차이를 보이지만, 결국에는 모두가 추구하는 공동의 목표를 가진다는 뜻으로 해석할 수 있다.

한 가족 속에서도 가족구성원들은 기국으로서 각각의 개성을 지니고 있지만, 가족 전체의 행복을 위한다는 이통의 원리 속에서 화합을 이루고 있다. 이와 마찬가지로 한 국가 안에서도 여러 개의 집단이 서로의 이익을 추구하기 위해 대립하지만, 궁극적으로 모든 국민은 국가의 발전과 평화를 위해 노력해야 한다. 국가의 발전과 평화가 결과적으로 국민들에게 이익이 되기 때문이다. 따라서 각 개개인과 집단은 당장의 이익을 생각하기에 앞서 어떻게 하는 것이 이 나라의 평화와 발전을 위하는 길

05 우리나라는 남북으로 분단되어 있기 때문에 늘 전쟁의 위협을 안고 있다. 대동사회는 우선 전쟁의 위협이 없는 통일된 사회여야 할 것이다. 그리고 중국이나 일본 등 외교적으로 마찰을 겪고 있는 나라들과도 공존할 수 있는 길을 찾아야 한다. 명확한 역사적 외교적 합의를 통해 역사 왜곡이나 독도를 둘러싼 분쟁 등이 더 이상 일어나지 말아야 할 것이다. 갈수록 심해지고 있는 빈익빈부익부 현상도 사라져야 한다. 많이 가진 사람이 어려운 이웃과 나눌 줄 아는 마음을 가진다면 복지제도가 더욱 확립될 것이고, 형편이 어려운 사람들에게도 더 많은 기회가 주어질 것이다. 그리고 복지정책을 실행하는 정치인들과 공무원들도 책임감을 갖고 공무에 임해야 한다.

특정 지역으로 대표되는 지역감정도 사라

져야 한다. 일부 정치인들은 선거전 때 표를 더 많이 얻기 위해 지역감정을 부추기기도 한다. 이러한 그릇된 행태는 반드시 사라져야 할 것이다. 그리고 국민들도 한 민족이라는 보다 큰 틀 안에서 '나와 너'보다는 '우리'라는 생각을 갖고 화합하고자 한다면 지역 마찰을 극복할 수 있을 것이다.

06 유학자들과 조선시대의 성리학자들은 많이 아는 것보다는 적게 알더라도 아는 것을 실천하는 것이 진정한 학문이라고 했다. 지식인들은 사회가 어떤 방향으로 나아가는 것이 올바른 것인가를 알고 있는 사람들이다. 때문에 일부 권력과 욕심을 가진 사람들에 의해 사회가 그릇된 방향으로 흘러간다면 지식인들은 무엇이 잘못되었는지 따끔하게 충고하고 올바른 길이 무엇인지에 대해 강하게 주장할 수 있어야 한다.

일제에 의해 우리나라가 큰 어려움을 겪을 때에 목숨을 버리면서까지 독립을 위해 싸웠던 지식인들은 좋은 본보기가 된다. 또

반대로 기회주의적인 지식인 때문에 후세 사람들이 얼마나 고통을 당했는지도 확인할 수 있다. 강한 권력이나 힘에 눌려 자신이 생각하는 올바른 것을 주장하지 못한다면 지식인으로서의 자격이 없다. 진정한 지식인은 불의에 맞서 싸울 줄 알며, 이 사회를 보다 살기 좋게 만들기 위한 책임의식을 가진 사람들이다.

지식인들이 자기만 잘 먹고 잘살겠다고 생각하면 사회가 혼란에 빠진다. 그들이 감시하고 비판해야 하는 일에 소홀히 하기 때문이다. 지식인도 먹고 살아야 하겠지만, 그것 못지않게 사회를 감시하고 비판함으로써 보통사람들에게 바른 길을 보여주어야 할 것이다.

옛날에 선비들이 불의한 왕에게 죽음을 무릅쓰고 그토록 직언을 아끼지 않았던 것도 바로 이런 이유 때문이었다.

Note